Duden

Einfach klasse in Deutsch

Rechtschreibung

Wissen • Üben • Testen

7./8. Klasse

Dudenverlag
Mannheim • Leipzig • Wien • Zürich

Die Rechtschreibung in diesem Buch folgt im Falle von Schreibvarianten den Empfehlungen von Duden – Die deutsche Rechtschreibung (25. Auflage). Zu den Übungen sind Schreibvarianten in den Lösungen mitangegeben.

Beratungsangebot für Eltern und Lehrer (kostenpflichtig):
Die Duden-Sprachberatung beantwortet Fragen zu Rechtschreibung, Grammatik, Zeichensetzung u. Ä.
montags bis freitags zwischen 08:00 und 18:00 Uhr.
Aus Deutschland: **09001 870098** (1,86 € pro Minute aus dem Festnetz)
Aus Österreich: **0900 844144** (1,80 € pro Minute aus dem Festnetz)
Aus der Schweiz: **0900 383360** (3,13 CHF pro Minute aus dem Festnetz)
Die Tarife für Anrufe aus den Mobilfunknetzen können davon abweichen.

Unter www.duden-suche.de können mit einem Online-Abo ausgewählte Dudenwerke per Internet genutzt werden.

Bibliografische Information der Deutschen Nationalbibliothek
Die Deutsche Nationalbibliothek verzeichnet diese Publikation in der Deutschen Nationalbibliografie; detaillierte bibliografische Daten sind im Internet über http://dnb.ddb.de abrufbar.

D C B A

Redaktionelle Leitung Dr. Sylvia Schmitt-Ackermann
Redaktion Dr. Anja Steinhauer
Autorin Birgit Kölmel

Herstellung Andreas Preising
Layout Horst Bachmann
Illustration Carmen Strzelecki
Umschlaggestaltung WohlgemuthPartners, Bremen
Umschlagabbildung Fotolia

Satz Bibliographisches Institut AG
Druck und Bindung Offizin Andersen Nexö Leipzig GmbH
Printed in Germany

ISBN 978-3-411-74371-1

Inhaltsverzeichnis

INHALT

INHALT

1 Die Groß- und Kleinschreibung

1.1 Zeitangaben, Zahlwörter und Zahladjektive

Zeitangaben schreibt man groß, wenn sie **Substantive** sind. Man erkennt sie an einem **Artikel**, einem **Pronomen** oder einer **Präposition.**

Der Abend ist lang.
Dieser Morgen wird sicher lang werden.
Am Nachmittag gehe ich einkaufen.

Diese Substantive können auch im **Genitiv** stehen. Dann wird ein **-s** angehängt.

Eines **Tages** werde ich Rennfahrer.
Des **Abends** werde ich früh müde.

Zeitangaben wie *vorgestern, gestern, heute, morgen* und *übermorgen* sind **Adverbien** und werden kleingeschrieben. Dasselbe gilt für Adverbien auf **-s.**
Achtung: Sie dürfen nicht mit dem Genitiv der Substantive verwechselt werden!

Ich werde ihr **übermorgen** einen Brief schreiben.
Wieso warst du **vorgestern** nicht bei mir?
Wir gehen **mittags** immer in die Pizzeria.

Tageszeiten-Substantive nach diesen Adverbien werden großgeschrieben.

Wir werden **heute Mittag** essen gehen.
Treffen wir uns **morgen Abend**?

Grundzahlen schreibt man in der Regel klein.
Werden sie als Substantiv gebraucht, dann schreibt man sie groß.

Wir haben **drei** Kinder.
Können wir uns gegen **sieben** treffen?
In der Arbeit habe ich eine **Eins** geschafft.

Ordnungszahlen (*erste, zweite, dritte* usw.) schreibt man klein, wenn sie ein Bezugswort bei sich haben.

Er war der **zweite** Läufer im Ziel.
Schon im **ersten** Anlauf hatte sie Glück.

Werden sie als **Substantiv** gebraucht, dann schreibt man sie groß.

Er lief als **Zweiter** ins Ziel.
Er wurde **Letzter.**

Unbestimmte Zahladjektive schreibt man in der Regel groß, wenn sie substantiviert sind.

Hiermit können Sie alles **M**ögliche anfangen. Sie kann das als **E**inzige.

Die vier Zahladjektive *viel – wenig – ein – andere* jedoch werden in der Regel in allen Formen kleingeschrieben. Das gilt auch für Pronomen wie *manche – jede – beide – einige.*

Das Essen war wieder einmal **v**iel zu **v**iel.
Unter **a**nderem fand ich das Fischbuffet zu ausschweifend.
Die **b**eiden müssen morgen nicht zur Schule.

ÜBUNG 1 **Setze aus den Buchstaben die Zeitangaben zusammen und schreibe sie in der richtigen Schreibweise in die Lücke.**

1. Am nächsten ______ wachte sie spät auf. GEORNM

RSEGENT 2. Ich dachte ______, wir seien Freunde.

3. Das Treffen findet morgen ______ statt. GCHTNAIMAT

BSNAED 4. Eines ______ klingelte es an der Tür.

WISSEN

Uhrzeiten
Bei **Uhrzeiten** werden ***halb*** und ***viertel*** in der Regel kleingeschrieben.

Der Bus kommt um **halb** neun.
Bis **halb** zwölf können wir telefonieren.
Die Schule beginnt um drei **viertel** acht.
Es hat **viertel** eins geschlagen.

Aber: Wenn *Viertel* als Substantiv gebraucht wird, dann schreibt man es groß.

Drei **Viertel** der Klasse sind krank.
Ein **Viertel** des Kuchens ist für mich bestimmt.
Schulschluss ist um (ein) **Viertel** vor eins.
Es ist fünf Minuten vor drei **Viertel.**

ÜBUNG 2 **Groß oder klein? Kreise das richtige Wort ein.**

1. Der Film beginnt um halb / Halb neun.
2. Es ist viertel / Viertel nach drei.
3. Wir öffnen um viertel / Viertel vor zwei wieder.
4. Gegen halb / Halb zehn wurde ich müde.

ÜBUNG 3 Finde im Gitterrätsel waagrecht und senkrecht 10 Pronomen und umkreise sie.

T	U	Q	X	S	A	L	L	E	M
S	S	Q	B	Ä	M	P	K	C	A
J	Ö	J	E	M	A	N	D	C	N
N	N	R	I	T	G	J	R	K	W
T	G	Ä	D	L	X	E	S	N	F
A	Q	A	E	I	V	D	I	B	H
D	W	E	L	C	H	E	D	M	F
B	T	M	E	H	R	E	R	E	X
T	I	R	G	E	N	D	W	E	R
K	E	I	N	E	R	I	D	H	Y

ÜBUNG 4 Suche dir fünf Pronomen aus Übung 3 aus und bilde mit ihnen Sätze. Achte auf die richtige Schreibweise.

1.
2.
3.
4.
5.

ÜBUNG 5 Setze die Ordnungszahlen in der Klammer richtig ein. Markiere hierfür zuerst das Bezugswort, falls vorhanden.

1. Der ____________ (ERSTE) Treffer saß schon.
2. Leider ist er nur ____________ (FÜNFTER) geworden. Doch immerhin ist er nicht als ____________ (LETZTER) Rennfahrer ins Ziel gekommen.
3. An ____________ (DRITTER) Stelle ist sie gestern gewählt worden.

WISSEN +

Zahladjektive
Wenn mit den Zahlwörtern ***Dutzend, hundert*** oder ***tausend*** unbestimmte Mengen angegeben werden, dann kann man sie groß- oder kleinschreiben.

Es waren **H**underte / **h**underte von Menschen anwesend.
Aber viele **T**ausend / **t**ausend hatten sich angekündigt.

ÜBUNG 6 **Schreibe die Ziffern in der richtigen Schreibweise in die Lücken.**

1. Wir mussten (4) ______ große Runden laufen.
2. Wir (2) ______ wissen, worum es geht.
3. Um mit der Straßenbahn zum Schwimmbad zu kommen, musst du die (6) ______ nehmen.
4. Zum Skat braucht man (3) ______ Spieler.
5. Früher galt die (13) ______ als Unglückszahl.
6. Meine Oma ist schon über (90) ______.
7. Wie spät ist es? Gleich (12) ______.
8. Im Sport ist er wirklich keine (0) ______.
9. Sie strömten zu (1 000en) ______ ins Stadion.

ÜBUNG 7 **Groß oder klein? Schreibe die Sätze richtig auf.**

1. jedereinzelnebekommteingeschenk.

______

2. vielleichthastdueinfachzuweniggeübt.

______

3. esgabzahllosenachahmer.

______

4. ichhabenochverschiedeneszuerledigen.

______

ÜBEN

1.2 Substantivierungen und Anredepronomen

Regel	Beispiel
Werden Wörter anderer Wortarten als Substantive gebraucht (d. h. **substantiviert**), dann schreibt man sie groß. Solche Substantivierungen erkennt man oft an einem vorangestellten Artikel oder an unbestimmten Mengenangaben.	**Beim F**ernsehen kann ich am besten abschalten. **Das S**chreiben ermüdet mich. Es ist **viel N**ützliches dabei.
Substantiviert werden können	
▪ Verben,	Das **L**esen ist mein größtes Hobby.
▪ Adjektive,	Das **E**rstaunliche daran ist die Größe.
▪ Partizipien (Mittelwörter),	Er gehört zu den **W**issenden.
▪ Pronomen,	Ich sehe uns als ein **W**ir.
▪ Zahlwörter,	Ich habe eine **S**echs gewürfelt.
▪ Paarformeln zur Bezeichnung von Personen,	Die Kleidung ist für **D**ick und **D**ünn, **G**roß und **K**lein.
▪ die meisten unbestimmten Zahladjektive,	Es gibt alles **M**ögliche zu tun. – Du bist die **E**inzige, die hilft.
▪ Konjunktionen (Bindewörter),	Jedes **A**ber ist zu viel.
▪ Präpositionen und	Man muss das **F**ür und **W**ider abwägen.
▪ Interjektionen (Ausrufewörter).	Mit großem **A**ch und **W**eh ...
Achtung: Adjektive oder Partizipien, die sich auf ein zuvor oder danach genanntes Substantiv beziehen, sind nicht substantiviert. Sie werden also kleingeschrieben.	Die neue **Farbe** gefällt mir besser als die **a**lte. Ich nehme lieber die **g**anzen anstatt der gemahlenen **Kaffeebohnen.**
Die **Höflichkeitsanrede** *Sie* schreibt man immer groß.	Würden **S**ie mich bitte vorbeilassen?
Dasselbe gilt auch für die Pronomen *Ihnen, Ihre, Ihr* usw., die sich auf die angesprochene Person beziehen.	Kann ich **I**hnen helfen? Ist das **I**hr Hund?
Die Pronomen *du* und *ihr* (Plural) sowie die entsprechenden Possessivpronomen (besitzanzeigende Fürwörter, z. B. *dein, euer, eure*) werden kleingeschrieben.	Wie geht es **d**ir? Kannst **d**u bitte die Tasche halten? Ich lasse **e**uch gerne vorbei.
In Briefen darf man die vertrauliche Anrede auch großschreiben. Dies wird oft als höflicher empfunden.	Lieber Tom, danke für **D**einen / **d**einen Brief. Ich hoffe, es geht **E**uch / **e**uch gut.

ÜBUNG 8 **Groß oder klein? Kreise das richtige Wort ein.**

1. „Ist das ihr / Ihr Hund?“
2. „Nehmt bitte euren / Euren Hund da weg!“
3. „Ich würde dich / Dich gerne auf ein Eis einladen.“
4. „Haben sie / Sie auch Vanilleeis?“

WISSEN

Artikel + Präposition
Manchmal kann man den bestimmten Artikel nicht so gut erkennen, weil er mit einer Präposition verschmolzen ist. Sieh dann genau hin und mache den Artikel ausfindig.

am = an dem
zum = zu dem
im = in dem

ÜBUNG 9 **Markiere jeweils den mit einer Präposition verschmolzenen Artikel. Schreibe die Sätze dann nochmals auf und trenne dabei die Präposition vom Artikel.**

1. Beim Kochen höre ich gerne Musik.

   Bei dem Kochen höre ich gerne Musik.

2. Wir kommen direkt vom Kino.

3. Gehst du mit mir ins Theater?

4. Wir können uns am Spielplatz treffen.

ÜBUNG 10 **Setze passende Artikel – mit oder ohne Präposition – ein.**

1. Dein Bruder ist ja Profi ______ Schlafen!
2. ______ Zeichnen bereitet ihr viel Freude.
3. Die Musik ist hervorragend ______ Träumen.
4. Wegen dieser Zwiebel bin ich schon seit Stunden ______ Weinen.

ÜBEN

ÜBUNG 11 **Jedes Bild zeigt ein Verb. Bilde eigene Sätze, indem du die Verben substantivierst. Schreibe die Sätze in dein Übungsheft.**

1

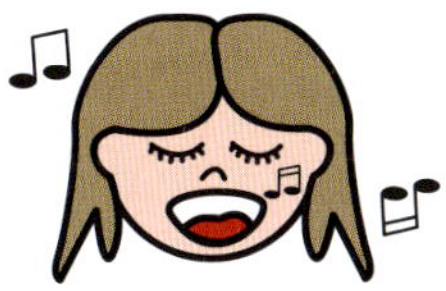
2

3

4

1. Zum Laufen trage ich meine neuen Schuhe.
2.
3.
4.

ÜBUNG 12 **Finde die unbestimmten Mengenangaben heraus und schreibe sie auf die Zeile (Tipp: Jeder 2. Buchstabe zählt). Substantiviere dann das Adjektiv in der Klammer.**

1. Wir haben wertswkaks etwas Wertvolles (wertvoll) gefunden.
2. Ich konnte heute ymbaynzcwhcens ______ (neu) erfahren.
3. Wir werden sicher avyimeol ______ (erstaunlich) sehen.
4. Du wirst iemirnyicgseps ______ (interessant) erleben.

ÜBUNG 13 **Substantiviere die Partizipien und Präpositionen und setze sie richtig ein.**

1. *liebend:* Die Skulptur stellt die Liebende dar.
2. *gekocht:* Etwas ______ wäre mir jetzt recht.
3. *auf / ab:* Das ______ und ______ kann ich nicht mehr ertragen.
4. *aus:* Der Spieler stand im ______.

ÜBUNG 14 **Viele Redensarten enthalten Substantivierungen. Vervollständige die Redensarten, indem du das passende Wort aus dem Wortspeicher substantivierst.**

beste – entschieden – ganz – gut – klar – ~~schwarz~~ – rein – trocken

1. Ins Schwarze treffen.
2. Etwas zum ______ geben.
3. Seine Schäfchen ins ______ bringen.
4. Aufs ______ widersprechen.
5. Sich über etwas im ______ sein.
6. Alles ins ______ bringen.
7. Nur das ______ sehen.
8. Im ______ gesehen.

ÜBUNG 15 **Groß oder klein? Schreibe die Sätze richtig auf.**

1. Willst du einen KURZEN ODER LANGEN Rock?

______

2. Es besteht ein reges KOMMEN UND GEHEN.

______

3. In deinem Zimmer herrscht wieder einmal ein DRUNTER UND DRÜBER.

______

ÜBUNG 16 **Groß oder klein? Kreise das richtige Wort ein.**

1. Willst du lieber das süße / Süße Parfum oder das herbe / Herbe?
2. Wie konntest du das laute / Laute klingeln / Klingeln überhören / Überhören?
3. Sofort ertönte ein lautes hurra / Hurra.
4. Für eine eins / Eins im Zeugnis reicht dein mitarbeiten / Mitarbeiten nicht.
5. Ich verstehe dein aber / Aber, doch es hilft uns nicht weiter.

1.3 Farb- und Sprachbezeichnungen, Satzanfänge und Titel

Farb- und Sprachbezeichnungen

Farb- und Sprachbezeichnungen können sowohl Adjektive als auch Substantive sein. Als Adjektive kann man sie in der Regel mit *Wie?* erfragen, als Substantive mit *Was?*. Manchmal sind beide Fragen denkbar, dann kann man klein- oder großschreiben.	Die **b**londen Haare stehen dir gut. Das **B**lond deiner Haare steht dir gut. Sie spricht **f**ranzösisch (wie?) / **F**ranzösisch (was?).
Stehen die Farb- und Sprachbezeichnungen als **Adjektive,** dann werden sie kleingeschrieben. Stehen sie als **Substantive,** dann schreibt man sie groß.	Das **f**ranzösische Buch ist sehr schwer zu lesen. Um das Buch zu lesen, muss man **F**ranzösisch können.
Farb- und Sprachbezeichnungen, die mit einer **Präposition** stehen, werden immer großgeschrieben.	Das Buch ist **auf F**ranzösisch sehr schwer zu lesen. Er hält die Rede **in E**nglisch.

Satzanfänge und Titel

Das **erste Wort eines Satzes** sowie das erste Wort **einer Überschrift** oder **eines Titels** wird großgeschrieben.	**I**ch sehe, dass es regnet. **A**lte Dame von Postboten überfallen Gestern haben wir den Film „**I**m Zeichen des Zorro“ gesehen.
Nach **Auslassungspunkten** oder einem Apostroph am Satzanfang schreibt man klein weiter.	... **u**nd er lief nach Hause. **’s** war erstaunlich!
Wenn nach einem **Doppelpunkt** ein vollständiger Satz steht, dann schreibt man das erste Wort dieses Satzes in der Regel groß. Folgt kein selbstständiger Satz, dann wird das erste Wort kleingeschrieben. Das erste Wort einer **direkten Rede** nach dem Doppelpunkt schreibt man groß.	Ich empfehle Ihnen: **F**olgen Sie dem Rat dieses Herrn und Sie werden es nicht bereuen. Heute habe ich im Angebot: **f**risches Obst und Gemüse. Sie versprach: „**M**orgen werde ich dich anrufen.“

ÜBUNG 17 **Schreibe die fehlenden Titel aus dem Wortspeicher in der richtigen Schreibweise in den passenden Satz. Setze auch die Anführungszeichen.**

die chemie des todes – die räuber – ~~der sommer meines lebens~~ – mit schirm, charme und melone – schüttel deinen speck

1. Soeben habe ich das Buch „Der Sommer meines Lebens" zu Ende gelesen.
2. Schillers Theaterstück ______ ist sehr beeindruckend.
3. Der Krimi ______ von Simon Beckett ist eines der besten Bücher, die ich je gelesen habe.
4. In dem Filmklassiker ______ sind die Agentin Emma Peel und der Agent John Steed ein unschlagbares Team.
5. Ein Lied von Peter Fox heißt ______.

ÜBUNG 18 **Schreibe die Sätze richtig auf.**

1. Dann stellte sich heraus: DER HUND HATTE DIE WÜRSTCHEN.
2. Ich könnte dir anbieten: FRISCHEN ORANGENSAFT, MINERALWASSER ODER LIMONADE.
3. Er rief sie alle zu sich: DIE SCHÜLER UND DIE LEHRER.

ÜBUNG 19 **Wandle die indirekte Rede in wörtliche Rede um. Setze alle nötigen Satzzeichen und achte auf die richtige Schreibweise.**

1. Der Lehrer fragte, wer es gewesen sei.
   Der Lehrer fragte: „
2. Philipp rief, er sei unschuldig.

ÜBUNG 20 **Setze die fehlenden Buchstaben richtig ein.**

1. Kannst du ___ ranzösisch sprechen?
2. Dein ___ nglisch ist sehr gut geworden.
3. In ___ panisch habe ich noch etwas Schwierigkeiten.
4. Was heißt „Guten Morgen“ auf ___ riechisch?
5. In meiner Klasse spricht niemand ___ ürkisch.

ÜBUNG 21 **Inge und Anke gehen gemeinsam einkaufen und haben die Qual der Wahl. Schreibe die fehlenden Farbbezeichnungen in der richtigen Schreibweise in den Text.**

1. Inge: „Das Hellgrün des Pullovers (1) wird dir sicher gut stehen.“
2. Anke: „Ich weiß nicht genau. Eigentlich gefällt mir der ___ Pullover (2) besser. Meinst du, die Farbe passt zum ___ meiner Haare?“
3. Inge: „Natürlich, zu ___ Haaren passt eigentlich jede Farbe. Ich glaube, ich nehme die ___ Stiefeletten (3).“
4. Anke: „Die finde ich super, vor allem die Farbe, dieses ___! Ich werde die ___ Turnschuhe (4) kaufen.“

1.4 Feste Begriffe und Eigennamen

Regel	Beispiel
Normalerweise wird in Verbindungen aus **Adjektiv** und **Substantiv** das Adjektiv kleingeschrieben.	das **wei**ße Haarband der **sü**ße Saft
Bilden beide zusammen allerdings einen **festen Begriff**, dann darf man das Adjektiv auch großschreiben, vor allem, wenn eine **neue Bedeutung** entstanden ist.	der **b**laue / **B**laue Brief das **S**chwarze Brett / **s**chwarze Brett
Besonders fachspezifische Begriffe schreibt man gewöhnlich groß.	die **G**elbe Karte / die **R**ote Karte (Fußball), *aber auch:* die **g**elbe / **r**ote Karte
Adjektive in **mehrteiligen Eigennamen** schreibt man generell groß.	Das **E**rste **D**eutsche Fernsehen – die **V**ereinten Nationen
Weiterhin schreibt man Adjektive groß bei	
■ Titel-, Ehren und Amtsbezeichnungen,	der **H**eilige Vater – die **K**önigliche Hoheit
■ geografischen Namen,	der **B**laue Planet – die **V**erbotene Stadt
■ historischen Ereignissen oder Epochen,	die **G**oldenen Zwanziger
■ besonderen Kalendertagen,	der **H**eilige Abend – der **W**eiße Sonntag
■ Klassifizierungen in Botanik und Zoologie,	das **F**leißige Lieschen – die **S**chwarze Witwe
■ Sternen und Sternbildern.	der **G**roße Wagen
Herkunftsbezeichnungen auf ***-isch*** werden meistens kleingeschrieben.	**f**ranzösischer Käse – **k**ubanische Zigarren
Von **geografischen Namen abgeleitete Wörter auf** ***-er*** schreibt man groß.	die **B**erliner Schnauze – die **S**chweizer Schokolade
Von **Personennamen abgeleitete Adjektive auf** ***-(i)sch*** werden kleingeschrieben, wenn sie nicht Teil eines Eigennamens sind. Wenn man den Personennamen hervorheben will, dann kann man ihn großschreiben und muss dann die Endung mit einem Apostroph abtrennen.	die Schriften Martin Luthers – die **l**utherische / **l**uthersche Bibelübersetzung die **s**chillerschen Gedichte das **O**hm'sche Gesetz / das **o**hmsche Gesetz die **L**uther'sche / **l**uthersche Bibelübersetzung

ÜBUNG 22 **Der erste Teil der mehrteiligen Eigennamen fehlt jeweils. Setze die Silben aus dem Wortspeicher richtig zusammen und schreibe das Wort auf.**

~~Al~~ – Drei – Ewi – fe – ge – ge – Gro – jäh – le – ri – Schie – Stil – ~~te~~ – ße – ße – ße – ßig – Wei – Wei

1. das Alte Testament
2. der ______ Ozean
3. der ______ Krieg
4. der ______ Sonntag
5. der ______ Bär (Sternbild)
6. die ______ Seerose
7. der ______ Turm (Pisa)
8. die ______ Stadt (Rom)

WISSEN

Angst* und *Bange

Bei den Wörtern ***Angst, Bange, Gram, Leid, Schuld, Recht, Unrecht*** und ***Pleite*** muss man sich die Schreibweise ganz genau einprägen:

- Wenn sie als Substantive auftreten, dann schreibt man sie groß. — Ich habe **A**ngst. – Mich trifft die **S**chuld.
- Wenn sie mit *sein* oder *werden* verbunden sind, dann schreibt man sie klein. — Ihm wird **a**ngst und **b**ange. – Ich bin **s**chuld.

ÜBUNG 23 **Groß oder klein? Setze richtig ein.**

1. Das ist mir ______ (RECHT).
2. Ich bin im ______ (RECHT).
3. Tut es dir wenigstens ______ (LEID)?
4. Ich bin es ______ (LEID), immer nach deiner Pfeife zu tanzen.
5. Ich kann dieses ______ (LEID) nicht mit ansehen.

ÜBEN

ÜBUNG 24 **Finde jeweils den ersten Bestandteil des Namens auf *-er* und setze ihn in das Kammrätsel ein. Schreibe ihn ebenso in der richtigen Schreibweise auf die Linie vor den zweiten Bestandteil des Namens.**

1 F _ _ _ _ _ _ _ _ E R

2 W _ _ _ E R

3 B E R _ _ _ _ _

4 T _ _ _ _ _ _ E R

5 M _ _ _ _ _ E R

6 S _ _ _ _ _ _ E R

7 B _ _ _ _ _ _ _ _ _ _ E R

8 U _ _ E R

1. die ______________ Börse
2. das ______________ Kaffeehaus
3. der ______________ Reichstag
4. die ______________ Bratwurst
5. das ______________ Oktoberfest
6. die ______________ Schokolade
7. das ______________ Tor
8. das ______________ Münster

ÜBUNG 25 **Schreibe den Text in der richtigen Schreibweise in dein Heft.**

gutes aus europa
der schweizer käse schmeckt mir am besten, obwohl der holländische gouda auch nicht zu verachten ist. Belgische pralinen mag ich gerne, doch auch die engländer können gute süßwaren herstellen. Das bier in düsseldorf, das düsseldorfer alt, ist ebenso bekannt wie der italienische wein. Doch auch die franzosen haben guten wein, vor allem aber sind die französischen croissants ein genuss.

Lass dir die Texte diktieren und verbessere anschließend deine Fehler. Du kannst auch Eigendiktate durchführen.

■ Videoabend |

Heute Abend ist Videoabend. | Ich habe sturmfreie Bude, meine Freunde haben Zeit(,) | und wir haben uns entschieden(,) | Pizza zu backen und Filme zu schauen. |

Endlich klingelt es: | Alle drei stehen vor der Tür. | Nach dem Belegen der Pizza überlegen wir, | was wir zuerst anschauen. |

Julian möchte unbedingt den Film | „Der Tag, an dem die Erde stillstand“ sehen. | Doch Tina ist die Geschichte zu unrealistisch. | Sie mag Komödien: „Nachts im Museum“ und | „Meine Frau, ihre Schwiegereltern und ich“ sind ihre Lieblingsfilme. | Max würde gerne einen animierten Film schauen, | zum Beispiel „Findet Nemo“. |

Und ich? | Mir ist es eigentlich egal. | Ich will nur einen gemütlichen Abend | ohne Stress haben. | Doch dieser bahnt sich gerade an: | Schlechte Stimmung liegt in der Luft. |

Deshalb schlage ich vor: | „Lasst uns doch erst einmal essen. | Während des Essens können wir uns in Ruhe überlegen, | was wir zuerst sehen wollen.“ |

Die anderen sind einverstanden(,) | und die Pizza schmeckt so köstlich, | dass sich die Nerven beruhigen | und wir gemeinsam nach einem Kompromiss suchen. | Dieser ist bald gefunden: | Unser erster Film wird „Harry Potter“ sein. | Da ist von allem etwas drin. |

(183 Wörter)

Schwierige Entscheidungen |

Ich kann mich nie entscheiden! | Um was es auch immer geht: | sei es beim Essen, beim Einkaufen von Kleidung | oder Aussuchen von Geschenken. | Ich weiß nie, was ich will. |

Damit treibe ich meine Mitmenschen fast in den Wahnsinn. | Meine beste Freundin weigert sich, | mit mir einkaufen zu gehen, | und irgendwann nimmt mich auch abends | niemand mehr mit ins Restaurant. | Nachdem ich mein Hauptgericht beim letzten Abendessen | dreimal umbestellt hatte, | hätte mich der Kellner am liebsten | aus dem Lokal geworfen. | Und beim Essen herrschte eisiges Schweigen. |

Aber ich kann doch auch nichts dafür: | Jedes Ding hat nun einmal zwei Seiten(,) | und jede Seite hat ihre Vorteile. |

Zum Beispiel morgens(,) | nach dem Aufstehen: | Ich könnte natürlich meine ausgewaschene Jeans anziehen | und einen bequemen Pullover dazu. | Aber es wäre doch auch schön, | sich einmal mit einem Kleid schick zu machen. | Was soll ich also tun? | Ich ziehe die Jeans an, | dann das Kleid, | dann die Jeans(,) | und dann habe ich keine Zeit mehr zum Frühstücken. |

Mich nervt diese Eigenart ja auch. | Doch was soll ich dagegen machen? |

Falls jemand einen Tipp hat, | dann kann er sich ja mal bei mir melden ...

(190 Wörter)

In der Schule lernt man was |

„So schön würde ich es auch gerne haben: | Den ganzen Tag in der Schule sein und etwas lernen können“, | sagt meine Oma am Nachmittag. | Ich glaube, ich habe mich verhört: | „Du meinst, ich habe es gut? | Das war richtig anstrengend heute Morgen!“ | Oma lächelt mich an: | „Erzähl mir, was du gelernt hast, | dann kann ich mich auch noch weiterbilden!“ |

Also beginne ich: | „In der ersten Stunde hatten wir Geografie*. | Wir unterhielten uns über die Vereinigten Staaten von Amerika. | Sie umfassen fünfzig Bundesstaaten! | Danach in Geschichte | ging es um den Zweiten Weltkrieg. |

Dann hatten wir Biologie. | Das war interessant: | Wir schauten einen Film über die Schwarze Witwe, | eine schwarze Spinne mit einer roten Zeichnung auf dem Bauch. | Das Rot und das Schwarz sind für andere Tiere Warnfarben. | So wissen sie, | dass sie es mit giftigen Tieren zu tun haben. |

Nach der großen Pause lernten wir in Religion | etwas über den Heiligen Vater in Rom, | der Ewigen Stadt. | Und dann zwei Stunden Sport. | Hier machten wir alle möglichen Spiele.“ |

Die Oma hat aufmerksam zugehört. | Dann meint sie: „Das klingt wirklich anstrengend. | Aber überlege mal, | was du heute alles gelernt hast. | Ich bin sehr stolz auf dich!“

* *auch:* Geographie

(200 Wörter)

2 Die Getrennt- und Zusammenschreibung

2.1 Verbindungen mit Verben

Regel	Beispiele
Prinzipiell gilt: **Wortgruppen** schreibt man getrennt, **Wortzusammensetzungen** schreibt man zusammen.	sein lassen – essen gehen – Klavier spielen wetteifern – zusammenschreiben
Bei den **zusammengesetzten Verben** gibt es trennbare und untrennbare Zusammensetzungen.	
■ **Trennbare Zusammensetzungen** sind Verbindungen mit einem Verb, die je nach Beugungsform auch getrennt stehen können.	abschreiben: Ich **schreibe ab.** Ich habe **abgeschrieben.** Ich werde **abschreiben.**
■ **Untrennbare Zusammensetzungen** hingegen werden in allen Formen zusammengeschrieben.	durchqueren: Ich **durchquere.** Ich habe **durchquert.** Ich werde **durchqueren.**
Wortverbindungen aus einem **Verb im Infinitiv** und einem weiteren Verb schreibt man in der Regel getrennt.	spazieren gehen: Wir könnten **spazieren gehen.**
Ausnahme: Das Verb ***kennenlernen*** darf man zusammen- oder getrennt schreiben.	Du wirst sie **kennenlernen / kennen lernen.**
Verbindungen von **Verben mit *bleiben*** oder ***lassen*** kann man getrennt oder zusammenschreiben, wenn die Verbindung eine übertragene Bedeutung hat.	**sitzen bleiben / sitzenbleiben** (im Sinne von „eine Klasse wiederholen", also übertragene Bedeutung) *aber nur:* auf dem Stuhl **sitzen bleiben**
Verbindungen mit dem Verb ***sein*** werden immer getrennt geschrieben.	da sein – zusammen sein – vorbei sein
Aber: Wird die Verbindung **substantiviert,** dann schreibt man zusammen (↑ Kap. 1.2).	das Dasein, unser Zusammensein
Auch Verbindungen von **Partizip + Verb** schreibt man in der Regel getrennt.	gelassen bleiben – verloren gehen

WISSEN

Verbindungen von **Adverb + Verb** schreibt man meistens zusammen. Entscheidend hierfür ist, wo die Betonung liegt:	
■ Liegt die **Betonung auf dem ersten Bestandteil** der Verbindung, dann schreibt man **zusammen.**	abwärtsfließen – wiederkommen
■ Liegt die **Betonung (auch) auf dem zweiten Bestandteil,** dann schreibt man **getrennt.**	rückwärts einparken – übereinander stolpern
Zusammengeschrieben werden auch Verbindungen mit Bestandteilen, die heute nicht mehr als freie Wörter vorkommen oder die in der Verbindung mit dem Verb keiner Wortart mehr zugeordnet werden können.	abhandenkommen – innehalten fehlgehen – heimsuchen
Verbindungen von **Substantiv + Verb** schreibt man dann **getrennt**, wenn das Substantiv als eigenständig angesehen wird.	Ski laufen – Plätzchen backen
Ist das Substantiv verblasst, also kaum mehr als Substantiv erkennbar, dann schreibt man Verbindungen von Substantiv + Verb **zusammen.**	teilnehmen – irreführen
Ebenfalls **zusammengeschrieben** wird dann, wenn die Wortverbindung als Ganzes **substantiviert** wird.	das Skilaufen – das Plätzchenbacken
Wortverbindungen aus **Adjektiv + Verb** werden zusammengeschrieben, wenn sie einen festen Begriff mit neuer Bedeutung bilden.	heiligsprechen – krankschreiben
Ist dies nicht der Fall, dann schreibt man getrennt.	leise sprechen – schnell schreiben
Achtung: Manchmal ist das schwer zu entscheiden. Achte dann auf den Gesamtzusammenhang des Satzes.	schönreden (im Sinne von „etwas besser darstellen, als es ist“) *aber:* schön reden („deutlich, klar reden“)
Wenn man nicht entscheiden kann, ob ein fester Begriff vorliegt, dann kann man getrennt oder zusammenschreiben.	(eine Woche) freibekommen / frei bekommen
Wenn das Adjektiv das **Ergebnis** des mit dem Verb beschriebenen Vorgangs bezeichnet, kann man auch getrennt oder zusammenschreiben.	klein schneiden / kleinschneiden kaputt machen / kaputtmachen blond färben / blondfärben

ÜBUNG 1 **Trennbare oder untrennbare Verbzusammensetzungen? Kreuze an.**

	trennbar	untrennbar
1. mitbringen	☐	☐
2. überlegen	☐	☐
3. weggehen	☐	☐
4. beeilen	☐	☐
5. zurücklassen	☐	☐
6. hierbleiben	☐	☐
7. langweilen	☐	☐

ÜBUNG 2 **Trenne die Wörter voneinander und schreibe die Sätze richtig auf.**

1. duwirstdievasenochfallenlassen!

2. ichschlussfolgere, dassduvielgelernthast.

3. ihrwerdetüberdiesesachenochandersdenken.

ÜBUNG 3 **Vervollständige die folgenden Sätze mit einer passenden Wortverbindung aus Substantiv und Verb.**

1. Seit meinem 18. Geburtstag darf ich endlich ______________________.
2. Der beste Schüler des Jahrgangs muss auf der Abiturfeier eine ______________________.
3. Im Winter kann man hier auf dem zugefrorenen See ______________________.
4. Früher, als es noch keine Waschmaschinen gab, mussten die Menschen mit der Hand ______________________.

ÜBEN

ÜBUNG 4 **Gesucht sind Verbindungen von Verben mit Bestandteilen, die oft nicht mehr als einzelne Wörter vorkommen oder keiner Wortart zugeordnet werden können. Finde sie heraus: gleiche Zahl = gleicher Buchstabe.**

1	2	3	4	5	6	7	8	9	10	11	12	13	14	15	16	17	18	19	20	21
A		V	M	I			H		E		K		O	N	L		G	W		D

1. 5 15 15 10 8 1 6 10 15
2. 12 10 8 9 7 4 1 2 8 10 15
3. 13 4 8 5 15 12 14 4 4 10 15
4. 3 14 15 20 7 1 7 7 10 15 18 10 8 10 15
5. 3 14 9 16 5 10 6 15 10 8 4 10 15
6. 17 13 18 18 7 10 8 1 16 7 10 15
7. 17 13 7 10 5 16 19 10 9 21 10 15

ÜBUNG 5 **Ergänze die Sätze so, dass die Verbindung mit dem Verb *sein* substantiviert wird.**

1. Es ist sehr hilfreich für mich, dass du da bist.
   Dein Dasein ist sehr hilfreich für mich.
2. Ich hoffe, ich kann einmal mit allem zufrieden sein.
   Mein ______ mit allem kommt hoffentlich bald.
3. Es reicht mir, wenn ich dabei sein kann.
   Das ______ ist alles.
4. Es freut mich, dass wir alle wieder beieinander sind.
   Über unser ______ freue ich mich.
5. Ich freue mich schon darauf, bald wieder zurück zu sein.
   Auf mein baldiges ______ freue ich mich schon.

ÜBEN

ÜBUNG 6 **Zusammen oder getrennt? Schreibe richtig auf.**

1. hinein + schauen = hineinschauen
2. dorthin + fahren =
3. zusammen + kleben =
4. herum + experimentieren =
5. nebenher + gehen =
6. besonders + interessieren =

ÜBUNG 7 **Einmal getrennt, einmal zusammen. Schreibe richtig.**

schönreden | schön reden

1. Die Situation ist mies. Da kann man nichts mehr ______.
2. Nuschel nicht so! Ich weiß genau, dass du auch ______ kannst.

großschreiben | groß schreiben

3. Um deine Schrift zu lesen, brauche ich eine Lupe. Würdest du bitte ______?
4. Substantive musst du immer ______.

freisprechen | frei sprechen

5. Du wirst für dein Referat sicher eine gute Note bekommen, wenn du ______ wirst.
6. Wir gehen davon aus, dass der Richter ihn ______ wird.

dichthalten | dicht halten

7. Das ist ein Geheimnis, du musst also unbedingt ______!
8. Ich hoffe sehr, dass wir den Schlauch auch auf Dauer ______ können.

ÜBEN

2.2 Verbindungen mit Adjektiven, Partizipien, Präpositionen, Substantiven

Regel	Beispiel
Zusammensetzungen mit Adjektiven schreibt man zusammen, wenn	
■ der erste Bestandteil die Bedeutung des Adjektivs **verstärkt** oder **vermindert,**	**dunkel**blau – **lau**warm
■ einer der beiden Bestandteile nicht allein vorkommen kann.	letzt**malig** – viel**deutig**
Verbindungen von ***nicht*** mit Adjektiven kann man getrennt oder zusammenschreiben.	nicht öffentlich / nichtöffentlich
Verbindungen aus **Substantiv + Partizip** schreibt man **zusammen,** wenn	
■ sie anstelle einer Wortgruppe stehen und dabei ein Artikel oder eine Präposition eingespart wird,	staubtrocken = trocken wie Staub
■ das Substantiv in dieser Form nicht selbstständig vorkommt,	**fried**liebend
■ die zugrunde liegende Verbindung aus Substantiv + Verb zusammengeschrieben wird.	teilnehmend (*zu:* teilnehmen)
Achtung: Wenn die zugrunde liegende Verbindung aus Substantiv + Verb getrennt geschrieben wird, dann darf man Substantiv + Partizip sowohl getrennt als auch zusammenschreiben.	Erholung suchend / erholungsuchend (*zu:* Erholung suchen) Not leidend / notleidend (*zu:* Not leiden)
Verbindungen aus **Präposition + Substantiv** schreibt man zusammen, wenn das Substantiv verblasst und die Verbindung daher zu einer neuen Präposition bzw. einem Adverb geworden ist.	anhand – infolge
Ist das Substantiv in seiner Wortart oder Bedeutung allerdings deutlich erkennbar, dann schreibt man ganz normal getrennt.	zu Ende – unter der Hand
Viele Verbindungen aus Präposition und Substantiv kann man sowohl getrennt als auch zusammenschreiben.	aufgrund / auf Grund infrage / in Frage (stellen) mithilfe / mit Hilfe

ÜBUNG 8 **Gesucht sind zusammengesetzte Adjektive, deren erster Bestandteil die Bedeutung des Adjektivs verstärkt oder vermindert. Setze jeweils die passenden Adjektive aus dem Wortspeicher ein und schreibe das zusammengesetzte Adjektiv dann nochmals auf.**

~~bitter~~ – dunkel – hell – hoch – schwer – super

1.	bitter	+ ernst:	bitterernst	2.		+ reich:	
3.		+ wach:		4.		+ giftig:	
5.		+ rot:		6.		+ alt:	

ÜBUNG 9 **Die Verbindungen aus Substantiv und Partizip sind durcheinandergeraten. Ordne sie wieder und schreibe sie richtig auf.**

ACHTUNG FEHLER

1. bahnerquickend
2. herzstrahlend
3. mondbrechend
4. standgeleitet
5. freudewandelnd
6. schlafhaltend
7. irrebeschienen
8. maßumwittert
9. geheimnisregelnd

ÜBUNG 10 **Die Verbindungen von Präposition und Substantiv sind unvollständig. Setze die fehlenden Buchstaben ein.**

1. A ___ sta ___ ___ sich auf das Diktat vorzubereiten, spielte Tom lieber Fußball.
2. In ___ ol ___ edessen hat er keine gute Note geschrieben.
3. Seiner Schwester z ___ fo ___ ge hat sein Vater ihm den Ball weggenommen.
4. „Du wirst schon nicht daran zu ___ run ___ de gehen“, meinte er ironisch.
5. Doch Tom brachte es zus ___ ___ nde, seinen Vater täglich wegen des Balls anzubetteln. Er warf ihm auch vor, ungerecht gehandelt zu haben.
6. „Stelle bloß nicht mein Urteilsvermögen in ___ r ___ ge!“, warnte ihn der Vater.
7. Da begann Tom, an ___ nd der Lernhilfen die Rechtschreibung zu lernen.
8. Im nächsten Diktat brachte er eine gute Note zuw ___ e.

ÜBUNG 11 Trenne die farbig gedruckten Wörter und schreibe sie richtig auf.

1. Das Auto ging bereits unterderhand ______ weg.
2. Wir sind zufuß ______ unterwegs.
3. Ihr werdet euch amende ______ noch alle mögen!

WISSEN +

Konjunktionen

Konjunktionen werden in der Regel zusammengeschrieben. Manchmal gibt es allerdings gleichlautende Wortgruppen mit eigener Bedeutung:

anstatt – nachdem – sofern

- ***soweit*** ist eine Konjunktion und bedeutet „in dem Maße wie / sofern".

Soweit der Vorrat reicht, werden wir satt.

- ***so weit*** ist eine adverbiale Fügung („bis hierhin").

So weit ist es noch bis zur nächsten Hütte.

Dasselbe gilt auch für *sooft / so oft, sobald / so bald* sowie für *nachdem / nach dem, seitdem / seit dem* und *indem / in dem.*

Sobald ich fertig bin, komme ich raus.
So bald schaffe ich das nicht.

ÜBUNG 12 Getrennt oder zusammen? Setze richtig ein.

seitdem | seit dem

1. Ich habe ______ Urlaub abgenommen.
2. Ich habe nicht mehr zugenommen, ______ ich im Urlaub war.

sooft | so oft

3. ______ ich Schokolade sehe, bekomme ich Appetit.
4. Ich habe dir bereits ______ gesagt, dass das nervt.

nachdem | nach dem

5. ______ er ihn geputzt hatte, glänzte der Spiegel.
6. ______ Putzen des Spiegels glänzte dieser.

ÜBEN

2.3 Schreibung mit Bindestrich

Regel	Beispiele
Mit einem **Bindestrich** werden mehrere Wörter miteinander verbunden.	Eine-Welt-Laden
Bei langen oder unübersichtlichen Wörtern kann man ihn auch setzen, um die Wörter besser lesbar zu machen.	Lotto-Annahmestelle See-Elefant
In folgenden Fällen setzt man Bindestriche:	
■ Zusammensetzungen von Wörtern mit **Ziffern,**	6-jährig – 5-mal – 3-prozentig
■ Zusammensetzungen von Wörtern mit **Einzelbuchstaben,**	D-Dur – Dehnungs-h – y-Achse
■ Zusammensetzungen mit **Abkürzungen** und **Kurzwörtern.**	Abt.-Leiterin – Handball-EM – Lkw-Fahrer – Musik-CD
Bei **mehrgliedrigen Zusammensetzungen** mit Einzelbuchstaben, Ziffern oder Abkürzungen werden zwischen alle Bestandteile Bindestriche gesetzt.	50-Cent-Münze – 6-Zylinder-Motor – Vitamin-C-haltig
Wird eine Ziffer oder Abkürzung mit einer **Nachsilbe** verbunden, steht kein Bindestrich.	25er-Gruppe – 3%ig – 100stel
Ausnahme: **Einzelbuchstaben,** die mit einer Nachsilbe verbunden werden.	zum x-ten Mal
Der Wortbestandteil ***fach*** kann mit oder ohne Bindestrich hinter einer Zahl stehen.	6-fach oder 6fach das 9-Fache oder das 9fache
In **Aneinanderreihungen** und **Zusammensetzungen mit Wortgruppen** setzt man zwischen die einzelnen Wörter ebenfalls Bindestriche.	das Sowohl-als-auch das Preis-Leistungs-Verhältnis die Berg-und-Tal-Bahn
Ein Bindestrich **kann** außerdem gesetzt werden	
■ bei **unübersichtlichen Zusammensetzungen,**	Mehrzweck-Küchenmaschine / Mehrzweckküchenmaschine
■ beim Zusammentreffen von **drei gleichen Buchstaben,**	See-Elefant / Seeelefant Schlammmasse / Schlamm-Masse
■ zum **Hervorheben** einzelner Wörter,	Ichroman / Ich-Roman
■ um Missverständnisse zu vermeiden.	Druck-Erzeugnis / Drucker-Zeugnis
Achtung: Ist der abgetrennte Wortteil ein Substantiv, wird er großgeschrieben.	das Inkrafttreten / das In-**K**raft-**T**reten

ÜBUNG 13 **Bei den zusammengesetzten Wörtern fehlt der Teil vor oder nach dem Bindestrich. Suche die passende Ergänzung aus dem Wortspeicher und setze diese richtig ein. Setze auch den Bindestrich.**

1 - 18 - ~~A~~ - Fußball - h -
Kfz - s - S - VIP - x

1. A- Dur
2. der ______ Schlosser
3. ______ zeilig
4. die ______ Lounge
5. die ______ Kurve
6. ______ mal
7. das Genitiv ______
8. der ______ Jährige
9. die ______ WM
10. das Dehnungs ______

ÜBUNG 14 **Schreibe die Aneinanderreihungen nochmals auf, setze die Bindestriche richtig und korrigiere, wo nötig, die Groß- und Kleinschreibung.**

1. das Entwederoder: das Entweder-oder
2. das Aufdielangebankschieben: ______
3. das Andenhaarenherbeiziehen: ______
4. das Teilsteils: ______
5. das Indentaghineinträumen: ______
6. das Schwarzweißsehen: ______
7. die Sturmunddrangjahre: ______

ÜBUNG 15 **Welche Schreibweise ist richtig? Kreuze an.**

1.	☐ das 20fache	☐ das 20-fache	☐ das 20Fache
2.	☐ die 30-er-Gruppe	☐ die 30er-Gruppe	☐ die 30-er Gruppe
3.	☐ ein 100-stel-Gramm	☐ ein 100-stel Gramm	☐ ein 100stel-Gramm
4.	☐ die n-te Potenz	☐ die nte-Potenz	☐ die nte Potenz
5.	☐ das 10er-Format	☐ das 10-er-Format	☐ das 10 er Format
6.	☐ der 200-%-ige	☐ der 200%-ige	☐ der 200%ige
7.	☐ der 10-Euro Schein	☐ der 10-Euro-Schein	☐ der 10Euro-Schein

WISSEN

Ergänzungsbindestrich
Den Ergänzungsbindestrich setzt man, wenn in Zusammensetzungen ein gleicher Bestandteil nur einmal genannt wird.

Ein- und Ausgang
Balkon-, Garten- und Campingmöbel

ÜBUNG 16 **Gesucht ist jeweils ein Wortteil vor, nach oder zwischen den Ergänzungsbindestrichen.**

1 F E I E R

Senkrecht:
1. Die Ausgeh- und ______ laune
3. Die ______ - und Sommerkleidung
4. Die Getränke- und ______ karte
6. Die Schul- und ______ ordnung

Waagrecht:
2. Das ______ - und Abendessen
3. Die Käse-, ______ - und Fleischtheke
5. Die Kinder-, Schlafzimmer- und ______ möbel

Lass dir die Texte diktieren und verbessere anschließend deine Fehler. Du kannst auch Eigendiktate durchführen.

Besinnliche Weihnachtszeit |

Nun ist es bald wieder so weit: | Weihnachten steht vor der Tür. | Laut Kalender sind es noch 6 Wochen | bis zur friedfertigen Advents- und Weihnachtszeit. | Doch in den Supermärkten warten bereits seit September | die schokoladigen Nikoläuse | und zuckersüßen Lebkuchen auf ihre Käufer. | Wem zu dieser Zeit noch nicht der Sinn | nach weihnachtlichen Leckereien steht, | der hat kurz vor dem Fest das Nachsehen: | Schon seit dem ersten Advent ist sämtliches Weihnachtsgebäck fast ausverkauft(,) | und man muss mit zerdrückten Lebkuchenherzen und | Resten von Dominosteinen vorliebnehmen. |

Mit dem Besorgen der Geschenke ist es ähnlich: | Wer sich in der Adventszeit noch in die Innenstadt traut, | dem kann man nur auf den Weg geben: | „Immer gelassen bleiben | und nur nicht die Nerven verlieren!“ | Gewonnen hat, wer einen Parkplatz ergattert | und ohne zerdrückte Frisur und mit Glühwein bekleckerter Kleidung | den Trubel wieder verlässt. |

Nach dem Weihnachtseinkauf muss noch die Wohnung geputzt | und ein Essensplan aufgestellt werden. | Und dann ist es endlich so weit: | Die Feiertage werden mit der Familie und mit Freunden gefeiert(,) | und der vorweihnachtliche Stress ist vergessen. | Jeder genießt nur noch das Zusammensein mit den Menschen, | die ihm am wichtigsten sind.

(189 Wörter)

Lügengeschichten und Notlügen |

Sicher kennt jeder die Lügengeschichten von Münchhausen. | Am bekanntesten ist „Der Ritt auf der Kanonenkugel“. | Münchhausen erzählt, | wie er sich auf die aus dem Rohr herauszischende Kanonenkugel setzt | und auf ihr in Richtung Festung fliegt. | Auf dem Weg dorthin überlegt er es sich allerdings anders | und wechselt von seiner Kanone auf eine ihm entgegenfliegende, | um wieder den Weg zurück zu nehmen. | Natürlich kann man solch eine Geschichte nicht glauben. |

Aber was ist mit den klitzekleinen Notlügen, | die im Alltag erzählt werden? |

Experten haben herausgefunden, | dass der Mensch im Durchschnitt | etwa 100-mal* am Tag lügt. |

Wie oft wünscht man zum Beispiel einem Nachbarn einen schönen Morgen, | obwohl man ihm einen schlechten gegönnt hätte? | Oder drückt seine Freude über ein Geschenk aus, | das eigentlich gar nicht richtig gefällt? |

Notlügen sind dazu da, | die Mitmenschen nicht zu enttäuschen, | ihnen nicht wehzutun oder einfach nur höflich zu sein. |

Die meisten Menschen sind davon überzeugt, | dass es Situationen gibt, | in denen man kleine Lügen anwenden muss. | Und solange sie nicht überhandnehmen, | ist das sicher auch in Ordnung. | Oder was meinst du?

* *auch:* hundertmal

(180 Wörter)

Unser Lehrer |

Unser Lehrer ist schon eine Type. | Aus der Generation der 68er singt er höchste Lobeslieder in C-Dur | auf das damalige Lebens- und Erlebensgefühl. |

Bei seiner 25-Jahr-Feier wünschte er sich | statt des üblichen Flötenchors eine Rock-’n’-Roll-Band. | Die hat er auch bekommen(,) | und es war eine tolle Jubiläumsfeier, | obwohl das Lehrerkollegium an der Schule aus mehrheitlich 30- bis 40-Jährigen besteht. |

Aus Prinzip fährt unser Lehrer S-Bahn, | obwohl er ein Solarenergie-Auto* hat. | Er achtet sehr auf die Umwelt | und kauft fast nur Produkte aus dem Eine-Welt-Laden. | Am liebsten isst er Vitamin-C-haltige Orangen und Mandarinen. |

Er hat lange Haare, | die er mit seinen Fingern hin- und herwuschelt. | Am liebsten trägt er braune oder lilafarbene Pullis | aus Schafs- oder Ziegenwolle und braune Cord- oder Jeanshosen. |

Das unveränderliche Kennzeichen unseres 60-jährigen Lehrers | ist sein Rucksack. | Den trägt er immer und überall mit sich herum(,) | und man sieht ihn ständig den Reißverschluss auf- und zumachen. | Mit diesen Eigenheiten ziehen wir ihn oft auf. | Aber: Wir mögen ihn!

* *auch:* Solarenergieauto

(176 Wörter)

3 Gleich und ähnlich klingende Silben und Wörter

3.1 *end- / ent-, -and / -ant, Tod- / tot-, Stadt- / statt-*

Der Wortstamm ***end- / End-*** drückt aus, dass etwas den Schlusspunkt, etwas Endgültiges darstellt, also mit „Schluss, Ende" zu tun hat.	**end**gültig – **end**lich – be**end**en **End**zeit – **End**spurt – **End**ergebnis
In allen anderen Fällen steht die Vorsilbe **ent- / Ent-**. Wörter mit dieser Vorsilbe haben oft etwas mit „wegnehmen", „weggeben" oder „loswerden" zu tun.	**ent**schließen – **ent**äußern **Ent**scheidung – **Ent**zündung
Tauchen die Silben ***-and / -ant*** oder ***-end / -ent*** als Nachsilben eines Wortes auf, dann hilft es, eine flektierte Form zu bilden, um in der Schreibweise Sicherheit zu bekommen.	Konfirm**and** – die Konfirm**anden** gal**ant** – der gal**ante** Prinz Präsid**ent** – die Präsid**enten** beklemm**end** – das beklemm**ende** Gefühl
Prinzipiell gilt: ■ **Tod** ist ein Substantiv, ■ **tot** ist ein Adjektiv.	Die Pest hat vielen Menschen den **Tod** gebracht. Nun sind sie **tot.**
Zusammensetzungen mit Verben werden meistens mit ***tot-*** gebildet,	**tot**kriegen – **tot**laufen
Zusammensetzungen mit Adjektiven hingegen mit ***tod-***.	**tod**krank – **tod**sicher
Zusammengesetzte Wörter mit **Stadt / Städte** haben etwas mit der Bedeutung „größerer Ort" zu tun.	**Stadt**zentrum – Haupt**städte**
Wörter mit **statt / stätte** haben etwas mit der Bedeutung „Platz, Stelle" zu tun.	**anstatt – statt**finden – Ruhe**stätte**

ÜBUNG 1 **Bilde mit den Wortteilen zusammengesetzte Wörter mit *Stadt- / -stadt* oder *statt- / -statt* und sortiere sie in die Tabelle ein.**

~~-bezirk~~ | ~~Ruhe-~~ | -dessen | Vor- | Rast-
Industrie- | Groß- | -haben | -geben | -partnerschaft
-haft | -teil | -bibliothek | Arbeits- | Brand- | -bau

Stadt- / -stadt / Städte- / -städte	statt- / -statt / -stätte
Stadtbezirk	Ruhestatt

ÜBUNG 2 **Setze passende Wörter aus Übung 1 in die Sätze ein.**

1. Ich wohne im nördlichen ________.
2. Bochum ist eine ________.
3. Wir werden dem Einspruch ________.
4. Seine ________ ist 30 km von seinem Wohnort entfernt.

ÜBUNG 3 ***Tod / Tod- / tod-* oder *Tot / tot- / tot*? Setze richtig ein.**

1. Bis dass der ________ euch scheidet.
2. Er ist sein ________feind.
3. Die Maus stellt sich ________.
4. Ich fühle mich ________müde.
5. Da könnte ich mich ________lachen.

ÜBEN

ÜBUNG 4 **Streiche jeweils die falsche Schreibweise durch. Wenn du alles richtig gemacht hast, kannst du das Zitat von Erich Kästner vervollständigen.**

1. Du hast mich sehr endtäuscht (F) / enttäuscht (E).
2. Wir kehren in eine Gaststädte (M) / Gaststätte (D) ein.
3. Der Mandand (K) / Mandant (I) des Rechtsanwalts kam zu spät.
4. Anstadt (O) / Anstatt (S) zu jammern, könntest du mit anpacken.
5. Meine Bücher leihe ich mir in der Stadtbibliothek (R) / Stattbibliothek (C) aus.
6. Endlich (O) / Entlich (B) bekomme ich mein Geschenk.
7. Er gibt ihm den Todesstoß (N) / Totesstoß (M).
8. Unsere Gemeinde ist eigentlich schon ziemlich städtisch (L) / stättisch (A).
9. Halte bitte Abstand (B) / Abstant (P).
10. Der Richter verurteilt ihn wegen Todschlags (U) / Totschlags (F).

				M				C	H			O										
2	1	5			1	7	4				4		8	8		8	1	5	7	1	7	,

	U							C	H						Ü					
7		5		2	3	1	6			4	1	7		9		10	10	1	8	7

ÜBUNG 5 ***End- / end-? Ent- / ent-? -end / -ent? -and / -ant?*** **Setze richtig ein.**

Die ______ täuschung war groß, als der Moderator die Gewinnerin des Schauspielwettbewerbs bekannt gab. Die unterlegene Favoritin probte den Aufst ______ . Sie drohte damit, pik ______ zu werden und Details aus dem Leben des Moderators auszuplaudern. ______ gegen der weitläufigen Meinung sei dieser nämlich nicht der nette Mann von nebenan, wie ein Inform ______ ihr gesagt habe. Der verhielt sich jedoch ______ spannt und meinte, die ______ scheidung sei ganz eindeutig für die Gewinnerin gefallen. Diese wiederum zeigte sich sehr erfreut, ______ lich den begehrten Preis in den Händen zu halten. „Nun habe ich mein ______ ziel erreicht“, rief sie unter Tränen. „Das ist das ______ gelt harter Arbeit!“ Da sprang die Favoritin auf die Bühne und entwa ______ der Gewinnerin die Trophäe. Der Theaterintend ______ lief dazu und es entst ______ ein Handgemenge, in dem der Intend ______ der Favoritin den Preis wieder ______ reißen konnte. Was für ein Abend!

ÜBEN

3.2 *seit / seid, wieder- / wider-* und Homofone

seit und *seid* haben ganz **verschiedene Bedeutungen.**

- ***Seit / seit*** benutzt man, wenn es um eine Zeitangabe geht:
seit als Präposition leitet die adverbiale Bestimmung der Zeit ein,
seit als Konjunktion leitet einen Nebensatz ein.

Seit zehn Jahren bin ich in dem Verein tätig.
Ich bin richtig fit, **seit** ich zwei Tage durchgeschlafen habe.

- ***Seid / seid*** ist die Form des Verbs *sein* der zweiten Person Plural.

Seid ihr bereit zum Abflug?

Die Bestandteile ***wieder- / wider-*** kommen oft in zusammengesetzten Wörtern vor. Auch hier ist es wichtig, die Bedeutung zu kennen und auf sie zu achten:

- Wörter mit der Vorsilbe ***wieder*** haben etwas mit „noch einmal, erneut" zu tun.

Wiederholung – **wieder**herstellen

- Wörter mit der Vorsilbe ***wider*** haben etwas mit „gegen, zurück" zu tun.

Widerstand – **wider**sprechen

Homofone sind Wörter, die gleich ausgesprochen, aber unterschiedlich geschrieben werden und jeweils eine andere Bedeutung haben.
In diesen Fällen sollte man auf die Bedeutung der Wörter achten – die richtige Schreibung muss man sich gut einprägen.

W**a**ise – W**e**ise
L**ä**rche – L**e**rche
Ra**d** – Ra**t**

Ein paar „Gefahrengruppen" kann man sich merken:

- ***ai / ei:***
Laib / Leib, Saite / Seite, Waise / Weise
- ***ä / e*** (kurz ausgesprochen):
Kälte / Kelte, Wände / Wende
- ***f / v:***
Ferse / Verse, fiel / viel
- ***d / t*** im Auslaut:
Rad / Rat, Grad / Grat

Die **Saite** der Gitarre ist zu straff gespannt.
Er steht auf der rechten **Seite.**
Bei dieser **Kälte** bleibe ich zu Hause.
Der **Kelte** gehört zu den Indogermanen.
Beim Gehen rollt man über die **Ferse** ab.
Die **Verse** des Gedichtes reimen sich.
Wasser gefriert bei 0 **Grad** Celsius.
Das ist eine **Grat**wanderung.

ÜBUNG 6 **Die Bilder stellen jeweils zwei Homofone dar. Schreibe die Bezeichnungen mit Artikel unter die Bilder, ohne im Wissenskasten auf S. 39 nachzuschauen.**

1 

2 

3 

4 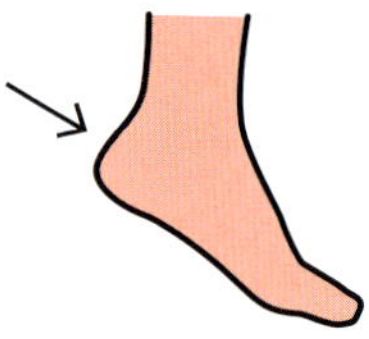

5 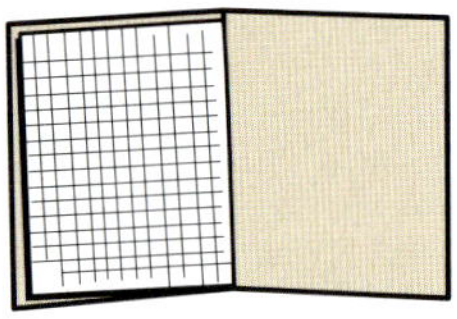

6 

WISSEN+

Homofone mit und ohne Dehnungs-h
Folgende Wörter unterscheiden sich in der Schreibweise nur durch ein Dehnungs-h voneinander: *dehnen – denen, Mahl – Mal, mahlen – malen, Wahl – Wal, wahr – war.* Sie haben unterschiedliche Bedeutungen.

ÜBUNG 7 **Setze die passenden Wörter aus dem Wissen+-Kasten in die Sätze ein.**

1. Wir nehmen unser ______ gemeinsam ein.
2. Die Jeans wird sich sicher noch ______.
3. Das ______ ein sehr schöner Tag!
4. Du kannst Oma ja ein Bild ______.
5. Der ______ ist ein Säugetier.
6. Gib ______ doch auch ein Stück Schokolade.
7. Getreide kann man zu Mehl ______
8. Ist deine Geschichte auch ______?
9. Die ______ fiel auf den Bürgermeister.

ÜBEN

ÜBUNG 8 **Setze die richtigen Wörter aus dem Wortspeicher in den Text ein.**

Hain – Hein – Laib – Leib – Saite – Seite – Waise – Weise

Das Mädchen im Sterntalermärchen war ein ____________nkind. Es hatte nichts als einen ____________ Brot. Es lief durch einen ____________ und traf auf einen alten Mann, der ____________ hieß. Dieser hatte eine ganz alte Gitarre bei sich, die nur noch drei ____________n hatte. Am ____________ trug er nichts als ein altes Hemd, das auf der linken ____________ schon einige Löcher hatte. Er sprach aber das Sterntalermädchen auf eine solch freundliche ____________ an, dass dieses Mitleid mit ihm bekam und ihm den Rest von seinem Brot schenkte.

ÜBUNG 9 **Finde Homofone, die sich nur durch das *Dehnungs-e* nach dem *i* unterscheiden, und trage sie in das Rätsel ein.**

1	☐	☐	I	☐	☐		
2		☐	I	☐			
3		☐	I	☐	☐	☐	
4		☐	I	☐	☐	☐	
5		☐	I	☐	☐		
6		☐	I	☐	☐	☐	☐
7	☐	☐	I	☐			
8		☐	I	☐	☐		

1. Besen haben ihn. Oft ist er braun und aus Holz
2. Bestandteil des Auges
3. Gesichtsausdruck („Sie hat eine traurige …“)
4. Eine (Muskel)faser
5. Gesangsstück
6. Hohe Körpertemperatur
7. Art zu schreiben („Der Autor hat einen guten …“)
8. Ein Bergwerk

ÜBUNG 10 **Finde in der Wörterschlange 8 Homofone, die sich nur durch die Buchstaben *e* und *ä* unterscheiden, und schreibe sie mit ihrem Artikel auf die Linie.**

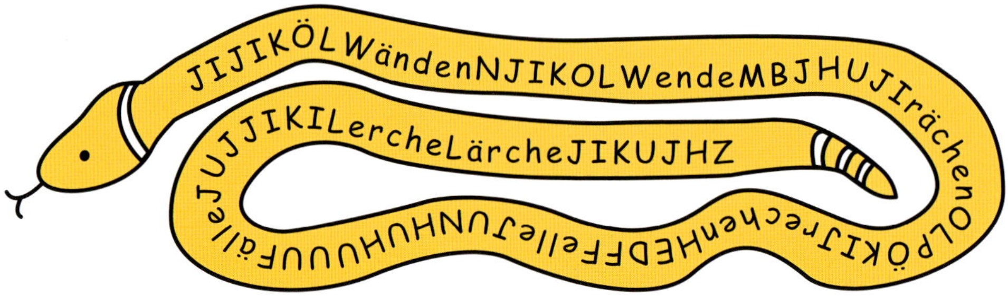

ÜBUNG 11 **Ordne einigen Wörtern aus Übung 10 ihre Bedeutungen zu.**

1. Die „Haut“ von Tieren (Plural): ______
2. Ein Baum: ______
3. Das Kehrtmachen: ______
4. Ein Vogel: ______
5. Begrenzungen eines Zimmers: ______

ÜBUNG 12 ***Seid / seid* oder *Seit / seit*? Setze richtig ein.**

1. ______ dem Wochenende geht es mir wieder richtig gut.
2. Ich sehe, ______ ihr die Arbeit zurückbekommen habt, gebt ihr euch viel mehr Mühe.
3. Ihr ______ viel leistungsbereiter geworden.

ÜBUNG 13 ***Wieder- / wieder-* oder *Wider- / wider-*? Setze richtig ein.**

1. die ______wahl
2. ______erzählen
3. ______spiegeln
4. die ______gabe
5. die ______verwertung
6. ______spenstig
7. der ______sacher
8. der ______hall

Lass dir die Texte diktieren und verbessere anschließend deine Fehler. Du kannst auch Eigendiktate durchführen.

■ Die Todeszone |

Unter „Todeszone" versteht man ein Gebiet, | dessen Betreten unmittelbar tödlich sein kann. | So gerät man beim Bergsteigen | in über 7 000 Metern Höhe in Bereiche, | in denen keine ausreichende Sauerstoffversorgung mehr möglich ist. |

In der ehemaligen DDR wurde im Jahr 1961 | durch den Bau der innerdeutschen Mauer | mit Sperrgebieten, Minen, Selbstschussanlagen und vielem mehr | eine Todeszone errichtet. | Der Fluchtversuch vieler Menschen endete damals mit dem Tod. | Durch Schüsse wurden sie tödlich verletzt(,) | und auch scheinbar todsichere Fluchtmethoden funktionierten nicht immer. | Am Totensonntag gedenken die Lebenden | einmal im Jahr auch dieser Menschen, | die auf dem Weg in die Freiheit den Tod fanden. |

Wem es gelang, | seinen Aufenthalt in der DDR | – auf welche Weise auch immer – | zu beenden | und auf die andere Seite der Mauer zu kommen, | ließ sich häufig erst mal* in der heutigen Hauptstadt Berlin nieder. | Von dort aus konnte man sich dann entscheiden, | in welcher deutschen Stadt man von nun an leben wollte. |

Heute, im seit 20 Jahren wiedervereinigten Deutschland, | haben wir alle das Glück, | ohne Angst frei durch die Welt reisen | und sämtliche Städte besichtigen zu können.

* *auch:* erstmal

(181 Wörter)

Wale – die sanften Riesen der Meere |

Wale sind vollständig an das Leben im Wasser angepasste Säugetiere. | An Land können sie nicht überleben. | Es gibt etwa 80 Arten, | die man in „Bartenwale“ und „Zahnwale“ einteilt. | Zu den Zahnwalen gehören die Delfine*. | Manche Wale unterhalten sich über ihren Gesang miteinander. | Hierzu benutzen sie Lieder, | deren Verse sich immerzu wiederholen. |

Da die Wale vom Aussterben bedroht sind, | wird der Walfang seit dem Jahr 1948 | durch ein internationales Übereinkommen geregelt. | Seit 1986 gibt es ein allgemeines Walfangverbot, | an das sich jedoch nicht alle Länder halten. |

Wenn sich die Meeressäugetiere in seichte Gewässer verirren, | dann stranden sie, | weil sie nicht mehr zurück ins Meer finden. | Trotz der Hilfen der Menschen, | die die Tiere wieder in das Wasser bugsieren wollen, | endet dies für die meisten Wale tödlich. |

Die Delfine* sind die Lieblingstiere vieler Menschen. | Ihr Mund ist so geformt, | dass ihre Miene stets lächelnd erscheint. | Das macht sie zum Liebling des Publikums, | wenn sie bei Veranstaltungen | mehrere Male am Tag ihr Programm vorführen. | Ihnen zu Ehren klatschen und jubeln die Zuschauer. |

Tatsächlich aber haben diese Tiere keine Wahl | und leben in Gefangenschaft. | Tierschützer raten deshalb, | keine Delfinshows* zu besuchen.

* *auch:* Delphine, Delphinshows

(193 Wörter)

Hauptstädte |

Die Städte eines Landes, | in denen die Regierung und das Parlament ihren Sitz haben, | nennt man Hauptstädte. | Oft ist die Hauptstadt zugleich auch die größte Stadt; | auf jeden Fall ist sie Tagungsstätte wichtiger Entscheidungsträger. |

Deutschlands Hauptstadt ist Berlin. | Nach der Teilung Deutschlands wurde allerdings | die Großstadt Bonn anstatt Berlin zur Hauptstadt. | Diese Entscheidung war zunächst als Übergangslösung gedacht. | Dann ernannte die DDR Ostberlin zu ihrer Hauptstadt. | Seit der Wiedervereinigung im Jahre 1990 | wurde Berlin durch den sogenannten* „Hauptstadtbeschluss“ | endgültig wieder zum Sitz der Bundesregierung. | Als Stadtstaat ist Berlin ein eigenständiges Bundesland | und mit etwa 3,4 Millionen Einwohnern die bevölkerungsreichste Stadt Deutschlands. |

Als guter Schüler sollte man unbedingt | auch die Hauptstädte der anderen europäischen Länder kennen: | Die Hauptstadt von Italien ist Rom, | von Frankreich Paris und von Spanien – weißt du es? | Genau, seit Jahrhunderten ist Madrid | der geografische*, kulturelle und politische Mittelpunkt Spaniens. | Helsinki ist die Hauptstadt von Finnland | und bildet mit 580 000 Einwohnern das Zentrum der sogenannten* „Hauptstadtregion“. | Wie in allen finnischen Städten ist auch dort der Stadtrat die höchste Entscheidungsinstanz. | Seine Wahl erfolgt auf vier Jahre. |

Interessiert dich das Thema? | Dann könnte deine Wahl anstatt des nächsten Badeurlaubs vielleicht auf eine Städtereise fallen!

* *auch:* so genannten, geographische

(196 Wörter)

4 Dehnung, Schärfung und die s-Laute

4.1 Dehnung und Schärfung

Unter **Dehnung** versteht man die Kennzeichnung von **lang gesprochenen Vokalen.**
Hier gibt es mehrere Möglichkeiten:

- **Dehnungs-h:** Auf den Vokal folgt der Buchstabe *h*. Dieser taucht fast ausschließlich vor den Konsonanten *l, m, n, r* oder *t* auf.
  So**h**le – Ra**hm** – So**hn** – Mo**hr** – Dra**ht**
- **Doppel-Vokal:** *aa, ee, oo*. Dies ist eher selten und bei *u* sowie den *Umlauten* nicht möglich.
  S**aa**l – S**ee**le
  B**oo**t (*aber:* B**ö**tchen)
- **Dehnungs-e:** zu finden nach einem langen *i*, in Fremdwörtern, die mit einem langen *i* enden, oder in *flektierten Verbformen.*
  St**ie**fel – l**ie**gen
  Gen**ie** – Biolog**ie**
  er bl**ie**b – sie s**ie**gte

Es gibt im Deutschen auch Wörter, in denen ein Vokal lang gesprochen wird, aber **kein Dehnungszeichen** steht:

- bei Wörtern mit *T / t* im Anlaut,
  Tiger – **T**ür
- bei Wörtern mit *Sch / sch* und *Qu / qu* im Anlaut,
  Schal – **Qu**al
- bei Diphthongen (Zwielauten: *ai, ei, äu, eu*),
  M**ai** – Kr**ei**de – M**äu**se – **Eu**le
- bei Vorsilben und Nachsilben (*ur-, -bar, -sal, -sam, -tum* usw.).
  Ursprung – wunder**bar** – Schick**sal** – selt**sam** – Helden**tum**

Unter **Schärfung** versteht man die Kennzeichnung von kurz gesprochenen Vokalen.
Hier gibt es folgende Möglichkeiten:

- **Doppelkonsonanten** sowie *ck* und *tz*,
  Be**tt** – Ha**mm**er – Ha**ll**e – Ka**tz**e – We**ck**er
- **Konsonantenhäufung**: Auf einen kurzen Vokal folgen zwei oder mehrere verschiedene Konsonanten.
  A**mp**el – Schra**nk** – Kli**ng**el

ÜBUNG 1 **Schreibe die Wörter mit ihrem Artikel unter die Bilder. Alle Wörter enthalten einen langen Vokal mit Dehnungszeichen. Markiere dann jeweils das Dehnungszeichen.**

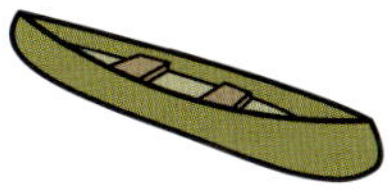

ÜBUNG 2 **Löse das Rätsel. Gesucht sind 10 Wörter mit langem Vokal ohne Dehnungszeichen.**

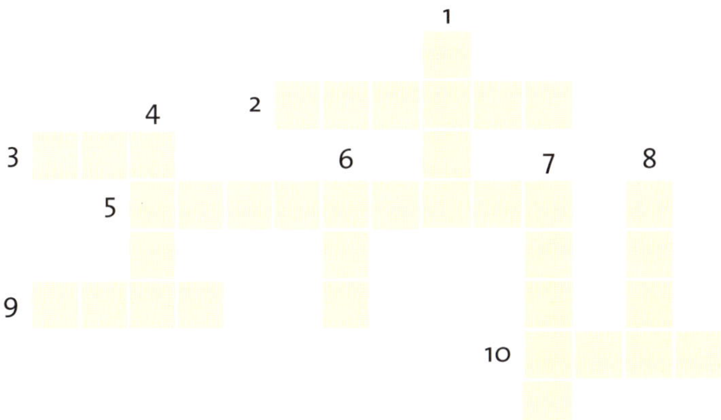

Senkrecht:

1. Eine Grünfläche
4. Ein schwarzer Vogel
6. Man kauft es, um etwas zu gewinnen
7. Hasen tun es mit einer Mohrrübe
8. Man stellt Blumen hinein

Waagrecht:

2. Geld sammeln über längere Zeit
3. Sehr große Tür, durch die Autos fahren können
5. Was man mit einem Luftballon tut
9. Ein kleines Tier mit Stacheln
10. Das männliche Schwein

ÜBUNG 3 **Doppelkonsonant oder nicht? Setze richtig ein.**

1. f oder ff? — Sti___t Ne___e o___t Ka___ Kli___
2. b oder bb? — E___e O___er he___en a___er Kra___e
3. m oder mm? — A___pel Ka___er Gli___er La___a Su___pf
4. t oder tt? — We___e Bar___ Hir___e Ma___e Pa___e

WISSEN

kk / zz
Die Konsonantenverbindungen *kk* und *zz* schreibt man heute nur noch in einigen Fremdwörtern. Sonst werden sie durch *ck* und *tz* ersetzt.

Mo**kk**a – Pi**zz**a

ÜBUNG 4 **Gesucht sind Wörter mit *kk* und mit *zz*. Findest du sie?**

1. Eine Nudelsorte: ___ ___ k k ___ ___ ___ ___ ___
2. Eine etwa im Jahr 1900 in den USA entstandene Musikrichtung: ___ ___ z z
3. Ein italienisches Restaurant: ___ ___ z z ___ ___ ___ ___
4. Der 4. Fall (Wen-Fall): ___ k k ___ ___ ___ ___ ___ ___
5. Elegante Herrenjacke, oft mit Hemd und Krawatte getragen: ___ ___ k k ___
6. Ein Entwurf: ___ ___ ___ z z ___
7. Ein Spiel, bei dem viele kleine Teile ein großes Bild ergeben: ___ ___ z z ___ ___
8. Eine polizeiliche Durchsuchung: ___ ___ z z ___ ___
9. Verschiedene Töne, die miteinander harmonisch klingen: ___ k k ___ ___ ___ ___

ÜBEN

4.2 Die s-Laute

Für die Schreibung der **s-Laute** gibt es im Deutschen drei verschiedene Möglichkeiten: *s, ss* und *ß*.

Ein **stimmhaft** (weich, klingend) gesprochener s-Laut ist immer ein **einfaches *s*.**	Hose – Weise
Ein einfaches *s* steht am **Wortanfang** und nach einem **Konsonanten.**	**S**ee – **s**uper Amsel – Hirse
Am Wortende und nach Konsonanten gibt es z. T. auch ein **stimmloses** einfaches *s*.	wa**s** – da**s** – i**s**t – fa**s**t Erb**s**e – Wur**s**t
Man schreibt **ss**, wenn im Wort ein **stimmloser *s*-Laut** einem **kurzen Vokal** folgt.	e**ss**en – Wa**ss**er
Einige Wörter haben auch nach kurzem Vokal ein einfaches *s*, sie werden dann aber im Plural häufig mit *ss* geschrieben.	Bu**s** / Bu**ss**e – Zeugni**s** / Zeugni**ss**e
Nach einem **betonten langen Vokal** schreibt man **ß**. Dieser s-Laut wird immer **stimmlos** (hart, klanglos) gesprochen.	Fu**ß** – Ma**ß**

das / dass

Um herauszufinden, ob man ***das*** oder ***dass*** schreibt, muss man die grammatikalische Bedeutung der beiden Wörter kennen:

Das / das

- ist ein bestimmter **Artikel,** — **Das** Bett passt gut in **das** Zimmer.
- ein **Relativpronomen** oder — Ein Tier, **das** ich toll finde, ist der Löwe.
- ein **Demonstrativpronomen** (weist also auf etwas hin). — **Das** gefällt mir!

Dass / dass hingegen ist eine **Konjunktion,** leitet also einen Nebensatz ein.

Ich denke, **dass** du das nicht so meinst.
Dass ich heute hier bin, habe ich dir zu verdanken.

Eine einfache Probe, um zu wissen, ob man *das* oder *dass* schreibt, ist die **Ersatzprobe:** Wenn man statt *das / dass* die Wörter *dieses, jenes* oder *welches* einsetzen kann, dann schreibt man *das*. In allen anderen Fällen schreibt man *dass.*

Das Zimmer, **das** ich dir zeige, gehört meinem Bruder. **Das** andere gehört mir.
Dieses Zimmer, **welches** ich dir zeige, gehört meinem Bruder. **Jenes** gehört mir.

ÜBUNG 5 **Wieso schreibt man die Wörter mit *s, ss, ß*? Formuliere die Regel dazu.**

1. Bremse: Nach einem Konsonanten steht einfaches s.
2. Saft:
3. Waise:
4. Masse:
5. Straße:

WISSEN +

Miss- und -nis

Die Vorsilbe **Miss- / miss-** schreibt man immer mit ss.	das **Miss**verständnis – **miss**mutig
Die Nachsilbe **-nis** hingegen schreibt man mit einfachem s. Der Plural jedoch wird mit ss geschrieben.	das Geheim**nis** – die Geheim**nisse**

ÜBUNG 6 **Setze die Wörter im Wortspeicher mit der Vorsilbe *Miss- / miss-* zusammen und schreibe sie (bei Substantiven mit Artikel) auf die Linie.**

~~achten~~ – bildung – brauchen – deuten – empfindung – gelaunt – fallen – geschick – gönnen – griff – gunst – trauen

missachten,

ÜBUNG 7 **Bilde aus den Verben und Adjektiven Substantive mit der Endung *-nis*. Setze diese Substantive dann in den Plural.**

1. verhalten → das Verhältnis, die Verhältnisse
2. begraben →
3. erleben →
4. erzeugen →

ÜBEN

ÜBUNG 8 ***s, ss* oder *ß*? Setze richtig ein und markiere die Lösungsziffer. Schreibe dann die einzelnen Teile des Schülerwitzes in der richtigen Reihenfolge auf.**

1. der Fra ß	(s:5; ss:20; ß:12)	2. der Flu	(s:16; ss:4; ß:19)
3. die Kla e	(s:3; ss:14; ß:8)	4. le en	(s:19; ss:10; ß:7)
5. das Geblä e	(s:1; ss:13; ß:20)	6. die Wie e	(s:7; ss:3; ß:19)
7. die Klau el	(s:2; ss:5; ß:3)	8. blo	(s: 7; ss:18; ß:17)
9. der Stu	(s:20; ss:13; ß:15)	10. die So e	(s:2; ss:16; ß:8)
11. der Ra en	(s:15; ss:9; ß:11)	12. kra	(s:1; ss:11; ß:16)
13. der Scho	(s:15; ss:4; ß:10)	14. gie en	(s:8; ss:13; ß:6)
15. die Blä e	(s:14; ss:16; ß:2)	16. gro	(s:9; ss:10; ß:20)
17. drau en	(s:11; ss:5; ß:9)	18. zu Hau e	(s:5; ss:12; ß:18)
19. der Gru	(s:8; ss:13; ß:18)	20. der Verdru	(s:7; ss:3; ß:15)

1. wirklich nicht,
2. in Englisch
3. zur Verfügung haben."
4. der Vater
5. schlechteste Note ist,
6. sagt der Lehrer.
7. dass mein Sohn
8. hält er
9. dass es die
10. auch nicht",
11. „Das finde ich
12. ~~Wutentbrannt kommt~~
13. verdient hat",
14. in die Schule.
15. dem Englischlehrer vor.
16. „Aber Sie dürfen
17. eine Sechs
18. die wir
19. „Ich finde
20. mir glauben,

Wutentbrannt kommt

ÜBEN

ÜBUNG 9 **Welche Funktion haben die Wörtchen *das* bzw. *dass* jeweils im Satz? Schreibe diese Funktion jeweils unter den Satz.**

1. Das Essen, das mein Vater morgen kocht, kocht er nur für mich.

   Artikel, Relativpronomen

2. Ich kann nicht verstehen, dass du so müde bist.

3. Das sehe ich überhaupt nicht gern!

4. Das Interesse, das du an dem Jungen zeigst, geht über Freundschaft hinaus.

5. Dass du dein Versprechen gebrochen hast, das hat mich sehr enttäuscht.

ÜBUNG 10 ***Das / das* oder *Dass / dass*? Setze richtig ein.**

1. Ich musste über den Witz so heftig lachen, ____ ich vom Stuhl gefallen bin.
2. Es ist mir völlig neu, ____ ihr umgezogen seid.
3. Die Wüstentour wird ein Abenteuer werden, auf ____ ich mich schon seit Jahren freue.
4. Ich habe ____ Buch, ____ auf meinem Nachttisch liegt, noch nicht gelesen.
5. Ich gebe dir dein Taschengeld, ____ du aber nicht gleich wieder ausgeben sollst.
6. ____ du mich so lächerlich gemacht hast, ____ werde ich dir nie vergessen.
7. ____ Essen, ____ ich gekocht habe, ist mein Leibgericht.
8. Womit habe ich es verdient, ____ ich immer Pech habe?
9. Durch das neue Übungsbuch weiß ich, ____ Übung den Meister macht.
10. Ich möchte ein Tier haben, ____ genauso verspielt ist wie ich.

Lass dir die Texte diktieren und verbessere anschließend deine Fehler. Du kannst auch Eigendiktate durchführen.

Die Klassenwette |

Unser Klassenlehrer Herr Fischer | erklärte uns auf der Klassenfahrt beim Abendessen, | dass wir morgen eine Wattwanderung machen würden. | „Da gibt es sicher Quallen. | Ich werde keinen Fuß in den Schlamm setzen!“, | rief der kleine Bert. | Herr Fischer lachte und meinte: | „Wir schließen eine Wette ab. | Wenn die ganze Klasse morgen | bis zu den Knien im Watt steht, | dann spendiere ich jedem von euch ein Eis. | Schafft ihr es nicht, | dann müsst ihr mir ein Eis, | und das wird ein Rieseneisbecher werden, | bezahlen.“ |

Am nächsten Tag liefen alle sofort in das Meer hinein, | nur Bert traute sich nicht. | Da packte ihn der starke Hannes um die Hüfte | und trug ihn ins Watt. | Er stellte ihn ab(,) | und Bert versank sofort | bis zu den Knien im Schlamm. | Bert schrie, | doch plötzlich wurde er still. | Er schaute ins Meer, | das eine schöne blaue Farbe hatte, | und entdeckte eine wunderschöne Muschel. | Begeistert hob er sie auf | und suchte nach weiteren. | Seine Augen strahlten(,) | und wir wanderten zusammen mit unserem Führer | mehrere Kilometer durch das Wattenmeer. | Dabei entdeckten wir viele Muschelarten, | Krebse und sogar Seehunde. |

Und am Nachmittag | bekam jeder von uns ein Eis.

(191 Wörter)

Makkaroni und Pizza |

Ich liebe die italienische Küche! | Ob Pizza oder Pasta, | mir schmeckt alles gut. |

Doch die Italiener essen nicht nur, | um satt zu werden. | Das Essen, | das sie gemeinsam einnehmen, | ist für sie ein Ausdruck von Geselligkeit | und Lebensfreude. | Deshalb ist in Italien | das Abendessen üblicherweise die Hauptmahlzeit. | Sie besteht aus Vorspeise, | zwei Hauptgängen und Nachspeise | und kann sehr lange dauern. |

Die italienische Küche ist leicht, | gut bekömmlich und abwechslungsreich. | Wichtig ist die Verwendung | frischer Kräuter. | Auch kalt gepresstes* Olivenöl | gehört zu den Grundlagen | der italienischen Küche. | Ein weiteres Merkmal ist | die Verwendung von frischem Obst | und Gemüse. | Dies ist nicht nur sehr gesund, | sondern schmeckt auch hervorragend. |

Neben Makkaroni und Pizza | wird auch Risotto zubereitet. | Hierfür wird Reis mit Zwiebeln und Fett angedünstet | und in Brühe gekocht. | Je nach Rezept kommen noch Pilze, | Fisch oder Fleisch hinzu. | Risotto wird als erster Hauptgang serviert. | Zum zweiten Hauptgang | gibt es oft Fisch oder Fleisch(,) | und dann kommt der Nachtisch! | Eis, Obst, Kuchen oder Torten – | selbst die Esser, die eigentlich bereits satt sind, | wollen auf jeden Fall noch ein Löffelchen probieren.

* *auch:* kaltgepresstes

(181 Wörter)

Mammut – Riesen aus der Urzeit |

Ein Ureinwohner aus Sibirien | entdeckte vor Kurzem* ein 20 000 Jahre altes Tier, | das noch aus der Eiszeit stammt, | ein Mammut. | Beim Jagen stieß der junge Mann auf dessen Stoßzähne, | die über vier Meter tief | in hartem Eis begraben lagen. |

Forscher lösten das Tier aus dem Eisblock | und verfrachteten es mithilfe* | eines riesigen Hubschraubers in ein Labor. | Dort wird das Urtier nun | mit mehreren Haarföhnen langsam aufgetaut | und Schicht für Schicht unter die Lupe genommen, | sodass den Forschern nicht das Geringste entgehen kann. | Auch die Pflanzen, die noch im Haar des Tieres hängen, | sowie die Knochen und der Mageninhalt | werden von den Wissenschaftlern nun genaustens* angeschaut. | Sie hoffen(,) sich so ein Bild | von den letzten Stunden des Tieres machen zu können. |

Das Tier war nämlich erst 47 Jahre alt, | als es starb. | Dies ist nicht alt für ein Mammut. |

Mammuts breiteten sich | vor etwa vier Millionen Jahren über den Erdball aus. | Die letzten Tiere starben | vor ungefähr 4 000 Jahren | mit dem Ende der letzten Eiszeit. | Bis heute rätseln Forscher auf der ganzen Welt, | was die Giganten so plötzlich getötet hat.

* *auch:* vor kurzem, mit Hilfe, genauestens

(185 Wörter)

5

Die Schreibung von Fremdwörtern

5.1 Fremdwörter aus dem Englischen und dem Französischen

Fremdwörter sind Wörter, die ursprünglich aus anderen Sprachen stammen und in die deutsche Sprache übernommen worden sind.
Oft werden sie anders geschrieben als gesprochen. Hier muss man gut aufpassen und sich einige Regeln merken.

Fremdwörter aus dem **Englischen** bzw. **Amerikanischen** finden sich häufig in den Bereichen Sport, Jugendsprache und Technik. Für die Schreibung dieser Wörter gibt es folgende Regeln:

- Wenn man ein *langes i* spricht, dann schreibt man oft *ee* oder *ea*. — T**ee**nager – T**ea**m
- Was als *ei* gesprochen wird, wird häufig *y* geschrieben. — Recy**c**ling – Fl**y**er
- Ein gesprochenes *ei* kann auch *i* geschrieben werden. — H**i**ghl**i**ght – Des**i**gn

---

Fremdwörter aus dem **Französischen** kommen häufig in den Bereichen Mode, Kultur und Gastronomie vor.
Für die richtige Schreibweise kann man sich folgende Regeln merken:

- Was man wie ein deutsches *u* spricht, wird oft *ou* geschrieben. — J**ou**rnalist – Rag**ou**t
- Was man wie ein deutsches *ä* spricht, wird häufig *ai* geschrieben. — S**ai**son – Refr**ai**n
- Was man wie ein deutsches *ö* spricht, wird oft *eu* geschrieben. — Redakt**eu**r – Mass**eu**r
- Was man wie ein stimmhaftes *sch* spricht, wird *g* geschrieben, wenn es vor einem *e* oder *i* steht. — Eta**g**e – Passa**g**ier

WISSEN

ÜBUNG 1 In der Flagge stehen Fremdwörter aus dem Englischen. Welche Buchstaben fehlen? Setze richtig ein.

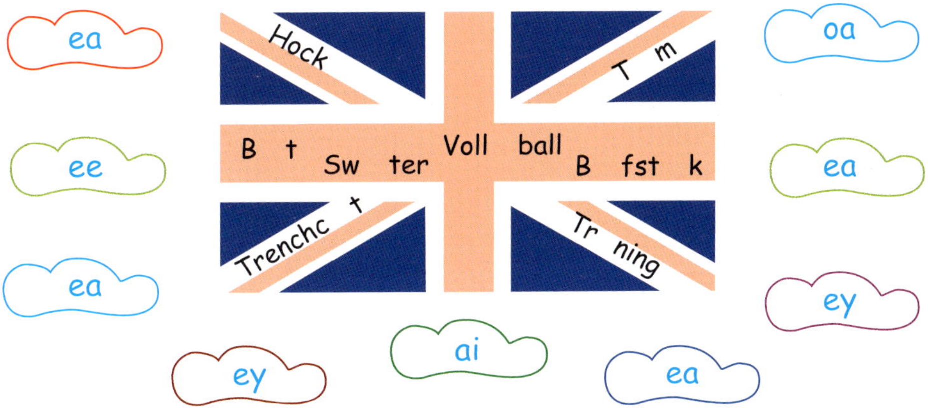

ÜBUNG 2 Setze die Fremdwörter aus Übung 1 in die Sätze ein.

1. Im Sportunterricht spiele ich am liebsten ______ und ______.
2. Der ______ dieser Musik ist hervorragend!
3. Ich bin sehr froh, dass ich in diesem ______ bin.
4. Es wird Winter, deshalb habe ich mir gestern einen blauen ______ gekauft.
5. Für die Regenzeit benötigt mein Vater noch einen ______.
6. Zur Feier des Tages essen wir heute Abend ein ______.
7. Puh, das ______ war ganz schön hart!

ÜBUNG 3 Wie heißen die Wörter aus dem Englischen? Schreibe die Namen richtig.

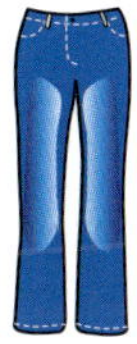

ÜBEN

ÜBUNG 4 **Gesucht sind französische Wörter mit *eu*. Setze sie richtig ein.**

1							E	U		
	2						E	U		
	3						E	U		
4							E	U		
5							E	U		
	6						E	U		
			7				E	U		

1. Ein Beruf beim Film, auch „Spielleiter“ genannt
2. Jemand, der wiederholt mehrere Gegenstände (oft Bälle) in die Luft wirft und wieder auffängt
3. In ihr werden Pommes frites gebraten
4. Er ist ein an einer Hochschule ausgebildeter Techniker und entwirft Pläne
5. Prominente Menschen lassen sich gerne von ihm fahren
6. Er arbeitet mit Raubtieren, bringt ihnen Kunststücke bei und führt diese vor
7. Ein französischer Abschiedsgruß, der so viel bedeutet wie „Gott befohlen“

ÜBUNG 5 **Welche Schreibweise ist richtig? Kreuze an.**

1.	☐ Sauciere	☐ Soßiere
2.	☐ Suvenier	☐ Souvenir
3.	☐ Arrangement	☐ Arranschement
4.	☐ Paläs	☐ Palais
5.	☐ Spleen	☐ Splien
6.	☐ Match	☐ Mätsch
7.	☐ Hobbie	☐ Hobby
8.	☐ Handycap	☐ Handicap
9.	☐ live	☐ laif

5.2 Fremdwörter aus anderen Sprachen

Fremdwörter aus dem **Lateinischen** finden sich oft in den Bereichen Wissenschaft, Kunst und Militärwesen.
Häufig enden sie auf *-ion, -ant, -al, -ent, -us, -tät, -um* oder *-or.*

Konstrukt**ion** – milit**ant** – Quart**al** – Reg**ent** – Exit**us** – Identi**tät** – Studi**um** – Profess**or**

Fremdwörter aus dem **Griechischen** stammen häufig aus den Bereichen Wissenschaft und Kultur.
Oft enthalten sie die Buchstaben(kombinationen) *ph, rh, th* oder *y*.

Pro**ph**et – **Rh**euma – **Rh**y**th**mus – Ps**y**chologie

---

Es gibt auch Fremdwörter aus dem

- Italienischen, — Cappuccino – Fresko
- Arabischen, — Kaffee – Karaffe
- Japanischen, — Karate – Samurai
- Chinesischen und — Wok – Taifun
- Indischen. — Ingwer – Dschungel

Fremdwörter, die in der deutschen Sprache sehr häufig benutzt werden, sind an die deutsche Schreibweise angepasst.
Hier kann man sich oft aussuchen, ob man die ursprüngliche oder die eingedeutschte Schreibweise bevorzugt. Wichtig ist aber, innerhalb eines Textes einheitlich zu schreiben.

Jo**gh**urt / Jo**g**urt
Nu**g**at / N**ou**gat
Fotogra**f** / **Ph**otogra**ph**
Poten**z**ial / Poten**t**ial

Zusammengesetzte Fremdwörter werden meistens auch zusammengeschrieben.

Teamplayer – Theaterabonnement

Werden zwei längere Substantive zusammengesetzt, dann kann man zur besseren Lesbarkeit einen Bindestrich setzen. Dann werden beide Wortteile großgeschrieben.

Midlifecrisis / Midlife-Crisis

Wortzusammensetzungen, deren zweiter Teil ein Adverb ist, schreibt man mit Bindestrich. Häufig ist auch Zusammenschreibung erlaubt.

Make-up
Know-how / Knowhow
Stand-by / Standby

Ist jedoch ein Teil der Verbindung kein selbstständiges Wort, dann steht kein Bindestrich.

afroamerikanisch – **Anglo**amerikaner

ÜBUNG 6 **Finde jeweils zwei Wörter aus dem Wortspeicher, die zusammengesetzt ein sinnvolles Wort ergeben. Schreibe sie mit Artikel auf die Linie.**

~~Air~~ – Baby – ~~Bag~~ – Board – Check – Count – down – Event – Kid – Making – napping – non – of – Sitter – Skate – Sound – Sport – stop

der Airbag,

ÜBUNG 7 **Wie kann man auch schreiben? Finde die eingedeutschte Schreibweise der unten stehenden Fremdwörter heraus, indem du die Silben aus dem Wortspeicher richtig zusammensetzt.**

al – Bio – Dik – ell – Fan – fie – fisch – fon – fon – gra – gurt – Jo – Ku – ne – Pan – Po – Sa – si – sie – stan – sub – ta – ta – ten – ter – Tun – xo – zi – zi

1. Cousine:
2. Phantasie:
3. Biographie:
4. Panther:
5. Thunfisch:
6. substantiell:
7. Joghurt:
8. Diktaphon:
9. Saxophon:
10. Potential:

ÜBUNG 8 **Welche Wörter aus dem Griechischen sind gesucht? Schreibe sie mit Artikel auf.**

1. Albetpha:
2. Athepoke:
3. rannTy:
4. strophApo:
5. temSys:
6. maThe:

ÜBEN

ÜBUNG 9 **Welche Nachsilben fehlen den Wörtern aus dem Lateinischen? Hänge sie an.**

1. die Addit ion
2. interess
3. die Diskuss
4. der Dokt
5. der Radi
6. konsequ
7. das Publik
8. ide
9. die Formali

ÜBUNG 10 **Aus welcher Sprache kommen die Fremdwörter im Wortspeicher? Ordne sie in die Tabelle ein.**

Aquarell – Asphalt – Baldachin – Bibliothek – Damast – Geisha – Kamikaze – Kimono – Methode – Mokka – Parmesan – Sirup – Sushi – Sympathie – Tenor – Terrakotta

Arabisch	Griechisch	Italienisch	Japanisch

ÜBUNG 11 **Ordne einige Fremdwörter aus Übung 10 ihren Wortbedeutungen zu.**

1. Positive gefühlsmäßige Einstellung zu einer Sache oder einem Menschen:
2. Eine Lösung aus Zucker und Wasser:
3. Ein Straßenbelag:
4. Eine in Musik und Tanz ausgebildete Gesellschafterin:
5. Gebrannte Tonerde:
6. Ein Seidengewebe mit Mustern:
7. Ein Flieger im Zweiten Weltkrieg:
8. Ein starkes Kaffeegetränk:
9. Ein Gericht aus rohem Fisch und Reis:
10. Ein mit Wasserfarben gemaltes Bild:

WISSEN +

Die Bedeutung von Wortbausteinen
Manche Wortbausteine aus anderen Sprachen haben eine eigene Bedeutung. Wenn man diese kennt, dann kann man sich die Bedeutung von Fremdwörtern oft herleiten.
bio: das Leben betreffend
geo: Erde
mega: groß, lang, mächtig, bedeutend
tele: fern, weit
fon / phon: Laut, Ton, Stimme
mono: allein, einzeln, einmalig
poly: mehr, oft, viel
...graf / ...graph: schreiben, aufzeichnen

ÜBUNG 12 **Finde im Buchstabengitter waagrecht und senkrecht 11 Wörter. Markiere sie und schreibe sie in dein Heft.**

C	G	K	M	K	B	I	O	G	R	A	F
I	E	O	N	J	P	B	I	O	T	O	P
M	O	G	G	E	O	M	E	T	R	I	E
E	S	G	M	V	L	N	N	W	L	T	H
G	P	G	O	S	Y	D	P	E	J	Y	M
A	H	K	N	E	F	T	T	N	D	S	W
L	Ä	M	O	N	O	G	R	A	M	M	E
I	R	Z	K	B	N	R	E	N	V	Q	Q
T	E	L	E	O	B	J	E	K	T	I	V
H	T	E	L	E	P	A	T	H	I	E	P

ÜBUNG 13 **Ordne fünf Wörter aus Übung 12 mithilfe der Wortbausteine aus dem Wissen+-Kasten ihren Bedeutungen zu.**

1. Kameraaufsatz zum Fotografieren in die Ferne: ________
2. Raum, in dem die Gesteinskruste der Erde, die Wasser- und die Lufthülle aneinandergrenzen: ________
3. Vielstimmig, mehrstimmig: ________
4. Namenszeichen, das meistens aus dem Anfangsbuchstaben des Vor- und Nachnamen besteht: ________
5. Großer, schwerer Steinblock: ________

ÜBEN

Lass dir die Texte diktieren und verbessere anschließend deine Fehler. Du kannst auch Eigendiktate durchführen.

Fremdwörter über Fremdwörter |

„Gib mir mal deinen iPod*!“, | ruft Uwe und greift nach Mikes MP3-Player. | „Cool“, meint er bewundernd. | „Der war sicher teuer!“ | Mike ist stolz. | „Ich habe ihn zum Geburtstag bekommen. | Zu Weihnachten wünsche ich mir einen Joystick | für meinen Computer.“ | Jens mischt sich in das Gespräch ein. | „Einen Joystick? | So etwas benutzt man doch nicht mehr! | Wünsch dir lieber eine trendige Jeans, | davon hast du mehr!“ | „Oder einen Energydrink*“, | ruft Hans, der Klassenclown, | dazwischen. |

„Was bist du denn für ein Freak?“, | fragt Barbara und kaut an ihrem Croissant. | „Übrigens, kommt ihr am Wochenende zu mir | zum Chillen?“ | „Ich kann nicht, | ich muss auf meine Schwester aufpassen. | Mein Dad ist bei einem Meeting“, | erwidert Jana enttäuscht. | „Als Journalist muss er immer | auf dem Laufenden sein.“ | „Und du musst den Babysitter spielen? | Das ist ja typisch! | Aber immerhin kannst du es dir den ganzen Abend | auf der Couch bequem machen | und das Fernsehprogramm bestimmen!“, | versucht Lisa(,) ihre Freundin aufzumuntern. |

„Ohne dich machen wir keine Party“, | ruft Barbara. | „Dann treffen wir uns eben einen Tag später. | Am Sonntag kann man auch prima chillen! | Wir können uns ja Hotdogs* machen, | das wird bestimmt klasse!“

* *auch:* I-Pod, Energy-Drink, Hot Dogs (182 Wörter)

Japan |

Japan ist eine Inselkette | vor der Ostküste des asiatischen Kontinents. |

Wer Japan besucht, | sollte sich zuvor über die Sitten des Landes informieren. | So gehört es sich zum Beispiel nicht, | in der Öffentlichkeit ein Taschentuch zu benutzen. | Stattdessen zieht man lautstark die Nase hoch. |

Viele Japaner lieben es, | nach getaner Arbeit Karaoke zu singen. | Dabei können sie sich gut entspannen. |

Zum Essen gibt es viel Fisch und Meeresfrüchte. | Sushi zum Beispiel ist ein japanisches Gericht, | das sich auch bei uns großer Beliebtheit erfreut. | Es besteht hauptsächlich aus kaltem Reis | und rohem oder geräuchertem Fisch. | Es gibt aber auch Sushi mit Fleisch, | zum Beispiel Roastbeef. |

Sehr bekannt in Japan sind die Geishas. | Eine Geisha ist eine Unterhaltungskünstlerin, | die traditionelle japanische Künste | wie Kalligrafie* und Ikebana darbietet. | Sie kann auch mehrere Musikinstrumente spielen und muss, | ohne Nervosität aufkommen zu lassen, | eine perfekte Sängerin, Tänzerin und Gastgeberin sein. | Hierzu gehört das Beherrschen der japanischen Teezeremonie, | die mehrere Stunden dauern kann. | Ob Geishas auch Karate können, | ist nicht bekannt. |

Wer aus einem Japanurlaub ein Souvenir mitnehmen will, | ist gut bedient mit einem Kunsthandwerkprodukt | aus Keramik oder Porzellan.

* *auch:* Kalligraphie

(183 Wörter)

Die alten Griechen |

Das antike Griechenland | hat die Entwicklung der europäischen Zivilisation | maßgeblich mitgeprägt. | In den Jahren von etwa 500 bis 330 vor Christus | entfaltete sich in Griechenland | eine großartige und vielfältige Kultur, | die sich über mehrere Bereiche erstreckte. |

So wurden architektonische Monumente errichtet, | bedeutende Skulpturen gebaut | und hervorragende Leistungen in der Dichtkunst erbracht. | Bedeutende Philosophen und Mathematiker | gewannen immer neue Erkenntnisse. | Theater wurden erbaut(,) | und die besten Athleten maßen sich in den Wettkämpfen bei den Olympischen Spielen. | Viele der wissenschaftlichen griechischen Leistungen | blieben über 1 000 Jahre lang unübertroffen. | Auch die Astronomie, | die Medizin und die Geschichtsschreibung | nahmen ihren Anfang in der griechischen Antike. |

Nicht vergessen darf man hierbei auch die griechische Mythologie, | die Geschichten der Götter und Helden des antiken Griechenlands. | Sicher kennst auch du einige Geschichten | über Zeus, Hektor und Herakles. |

Deshalb kommen die meisten griechischen Fremdwörter in der deutschen Sprache | aus den Bereichen der Kunst und der Wissenschaft – | Pädagoge, Methode, Rhythmus und Athlet, | um nur einige anzuführen. |

Bei allem aber ging es den Griechen um Schönheit und Harmonie. | Sie strebten nach der Ausgeglichenheit | von Körper und Geist. | Darin unterscheiden sie sich also kaum | von den Menschen heute. | Die alten Griechen waren | doch irgendwie modern.

(197 Wörter)

6 Die Zeichensetzung

6.1 Komma bei Satzreihen und Satzgefügen

Wenn ein Hauptsatz mit einem anderen Hauptsatz verbunden ist, dann spricht man von einer **Satzreihe.** Die beiden Hauptsätze werden dann durch ein Komma voneinander getrennt.	Herr Müller ist mein Lieblingslehrer**,** Herrn Maier mag ich auch.
Achtung: Die Konjunktionen ***und*** bzw. ***oder*** können das Komma ersetzen. Es kann allerdings stehen, um Missverständnisse im Satz zu vermeiden oder die Lesbarkeit zu verbessern.	Herr Müller ist mein Lieblingslehrer**(,)** und der neue Lehrer Herr Maier ist auch nett.
Bei **entgegenstellenden Konjunktionen** wie *aber, jedoch, doch, sondern* wird immer ein Komma gesetzt.	Herr Müller ist mein Lieblingslehrer**,** aber Herrn Maier mag ich auch.
In einem **Satzgefüge** sind ein Hauptsatz und ein Nebensatz miteinander verbunden. Dabei wird der Nebensatz durch ein Komma vom Hauptsatz getrennt.	Ich kann heute keine Hausaufgaben machen**,** weil wir meine Oma im Krankenhaus besuchen.
Um Haupt- und Nebensatz unterscheiden zu können, sollte man wissen: ■ Hauptsätze können allein stehen, Nebensätze können nicht allein stehen.	Ich habe mich im Fitnessstudio angemeldet, da ich gerne Sport mache.
■ Nebensätze werden oft durch eine Konjunktion eingeleitet.	Ich gehe ins Bett, **weil** ich müde bin.
■ Beim Nebensatz steht die konjugierte Form des Verbs an letzter Stelle.	Ich gehe ins Bett, weil ich müde **bin.**
Steht der Nebensatz in der Mitte des Satzgefüges, dann wird er durch zwei Kommas abgetrennt.	Ich gehe**, obwohl ich noch nicht müde bin,** ins Bett.

WISSEN

Ein **Relativsatz** ist ein Nebensatz, der durch ein Relativpronomen ***(der, die, das)*** eingeleitet wird. Er wird durch ein Komma vom übergeordneten Satz abgetrennt.	Das Auto**, das** direkt vor der Schule steht, gehört unserem Rektor. Die Straßenbahn**, die** ich jeden Morgen nehme, hatte heute Verspätung.
Vor dem Relativpronomen kann auch eine Präposition stehen.	Das Schulpraktikum**, auf das** wir uns so gefreut hatten, ging viel zu schnell zu Ende.
Konjunktionalsätze sind Nebensätze, die durch eine **unterordnende Konjunktion** wie *nachdem, als, seit, während, bis, wenn, falls, weil, da, damit, dass, sodass, indem, obwohl* eingeleitet werden. Sie können dem übergeordneten Satz vorangestellt, ihm nachgestellt oder in ihn eingefügt werden. Konjunktionalsätze werden immer durch ein Komma vom Hauptsatz abgetrennt.	**Nachdem du deine Hausaufgaben gemacht hast,** essen wir zu Abend. Wir essen zu Abend**, nachdem du deine Hausaufgaben gemacht hast.** Wir essen**, nachdem du deine Hausaufgaben gemacht hast,** zu Abend.
Infinitivsätze / Infinitivgruppen werden mit dem Infinitiv mit ***zu*** gebildet.	
Bei einer Infinitivgruppe steht ein Komma, ▪ wenn sie mit *als, (an)statt, außer, ohne* oder *um* eingeleitet wird, ▪ wenn sie von einem Substantiv abhängt, ▪ wenn sie durch ein hinweisendes Wort angekündigt oder wieder aufgenommen wird.	Ich werde besser handeln**, anstatt** noch länger zu warten. Er bereute den **Plan,** nach Rom zu reisen. **Es** ist ihr großer Wunsch, Schauspielerin zu werden. – Schauspielerin zu werden, **das** ist ihr größter Wunsch.
In allen anderen Fällen muss man kein Komma setzen, man darf es aber, um den Satz deutlicher zu gliedern oder um Missverständnisse zu vermeiden.	Ich hoffe(,) dich bald zu sehen. Sie empfehlen ihrer Tochter, zu helfen. Sie empfehlen, ihrer Tochter zu helfen.
Ein **Partizipialsatz** wird mit dem **Partizip I** oder dem **Partizip II** gebildet. Um einen Partizipialsatz zu gliedern, kann man **Partizipgruppen** mit einem Komma abtrennen.	**Auf die Erfüllung ihres Traumes hoffend(,)** stand sie aufgeregt da. **Soeben vorgefahren(,)** klingelte er bereits an der Tür.
Achtung: Werden Partizipgruppen mit einem **hinweisenden Wort** angekündigt oder sind sie als **nachgestellter Zusatz** anzusehen, **muss** ein Komma stehen.	**So,** in sich zusammengesunken, verließ er das Büro des Schulleiters. Sie stand immer noch da**, ihn beobachtend.**

ÜBUNG 1 Verbinde jeweils zwei passende Hauptsätze miteinander und schreibe sie auf die Linie. Achte auf die Kommasetzung.

Die Sonne scheint.	Das Wetter wird bereits kälter.
Tom malt ein Bild.	Die Bremsen quietschen.
Der Zug fährt ein.	Das Haus ist erleuchtet.
Bald kommt der Winter.	Seine Schwester schaut zu.
Die Kerzen brennen.	Die Vögel zwitschern.

1.
2.
3.
4.
5.

ÜBUNG 2 Formuliere zu jedem Bild zwei Hauptsätze und verbinde diese, indem du eine nebenordnende oder entgegenstellende Konjunktion verwendest. Setze das Komma richtig.

1

2

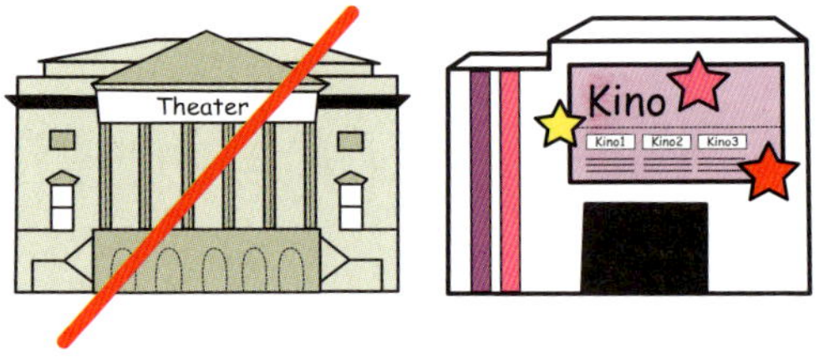

1.

2.

ÜBEN

ÜBUNG 3 **Richtig oder falsch? Kreuze an, ohne zuvor im Wissensteil nachzusehen.**

	richtig	falsch
1. Nebensätze können alleine stehen.	☐	☐
2. Nebensätze werden meist von einer Konjunktion eingeleitet.	☐	☐
3. *aber* ist eine entgegenstellende Konjunktion.	☐	☐
4. Ein Satzgefüge besteht aus Hauptsatz und Hauptsatz.	☐	☐
5. *falls* ist eine unterordnende Konjunktion.	☐	☐
6. Ein Relativsatz ist ein Nebensatz.	☐	☐
7. Infinitivsätze werden mit *zu* gebildet.	☐	☐

ÜBUNG 4 **Markiere die Infinitiv-, Partizip- und anderen Nebensätze. Schreibe dann auf, um welche Art Nebensatz es sich jeweils handelt.**

1. Die Wurst, die ich auf dem Jahrmarkt gegessen habe, war nicht besonders gut.
2. Ich werde mich beeilen, sodass ich pünktlich zu Hause bin.
3. Er war gekommen, um nach dem Rechten zu sehen.
4. Er stand immer noch an der Tür, völlig geschockt.

ÜBUNG 5 **Setze vor das Relativpronomen eine passende Präposition. Setze dann alle Kommas im Satz.**

1. Die Schule ______ die wir gehen gibt es schon lange.
2. Der Lehrer ______ dem wir Unterricht haben ist noch jung.
3. Die Sommerferien ______ die wir uns so sehr gefreut hatten sind bald vorbei.
4. Albert Schweitzer ______ dem unsere Schule benannt ist war ein berühmter Theologe und Arzt.
5. Die Kirche ______ der unsere Schule liegt ist die Stadtkirche.

ÜBUNG 6 **Unterstreiche alle unterordnenden Konjunktionen und setze die fehlenden Kommas.**

Unsere Crew blickt nachdem wir die Erde in Schallgeschwindigkeit verlassen haben auf unseren Heimatplaneten zurück. Als von einem unbekannten Planeten außerhalb unseres Sonnensystems die ersten Funksignale empfangen werden wird unsere Expedition dorthin sofort vorbereitet. Die Leitung unserer Behörde stellt nachdem alle Länder der Erde Vorschläge gemacht haben ein Team zusammen. Die Leiterin unserer Expedition wird für einige Zeit zu Forschungszwecken dort bleiben wenn es die Umstände erlauben. Weil gerade ein neuer Space-Driver entwickelt worden ist kann sie damit dann zur nächsten Raumstation zurückfliegen. Von dort kann sie auch wichtige Instrumente anfordern falls ihr Forschungsgeräte fehlen.

ÜBUNG 7 **Verbinde die beiden Sätze, indem du ein Relativpronomen benutzt. Setze die Kommas richtig.**

1. Dein neues Fahrrad gefällt mir. Es fährt sicher sehr schnell.

2. Der Papagei kann sprechen. Er ist sehr teuer.

3. Ich wünsche mir eine Bibliothek. Sie sollte auch CDs verleihen.

4. Die Bibliothek hat nur Bücher. Ich besuche sie oft.

5. Meinen neuen Füller benutze ich sehr gerne. Ich habe ihn zum Geburtstag bekommen.

ÜBUNG 8 **Stelle die Sätze so um, dass der Nebensatz in der Mitte des Satzgefüges steht. Setze die Kommas richtig.**

1. Ich komme heute Abend mit ins Kino, obwohl mich der Film nicht interessiert.

2. Doch ich möchte nicht alleine zu Hause bleiben, da ich mich dann so einsam fühle.

3. Vielleicht kann ich meine Freunde auch zu einem anderen Film überreden, sobald wir im Kino sind.

ÜBUNG 9 **Muss oder kann ein Komma gesetzt werden? Kreuze an. Wenn du alles richtig gemacht hast, dann ergibt sich ein Lösungswort.**

	muss	kann
1. Um seine Einkäufe abzustellen, blieb er stehen.	☐ (K)	☐ (L)
2. Kaum angekommen, musste er schon wieder weg.	☐ (B)	☐ (O)
3. Wir empfehlen allen, das Buch zu kaufen.	☐ (A)	☐ (M)
4. Es war richtig, ganz schnell wegzulaufen.	☐ (M)	☐ (N)
5. Leicht bekömmlich, so stand es auf der Packung.	☐ (A)	☐ (P)
6. Ich werde nicht gehen, ohne mich zu verabschieden.	☐ (S)	☐ (R)

Lösungswort:

ÜBUNG 10 **Setze die Kommas richtig.**

1. Ich wurde dafür belohnt ein guter Schüler zu sein.
2. So ging er davon glücklich und freudestrahlend.

6.2 Zeichensetzung bei wörtlicher und indirekter Rede und bei Zitaten

Die **wörtliche Rede** steht in **Anführungszeichen.** Weiterhin gilt: ■ Ist der **Redebegleitsatz vorangestellt,** dann wird er mit einem Doppelpunkt von der wörtlichen Rede getrennt. ■ Ist der **Redebegleitsatz nachgestellt oder eingeschoben,** dann wird er mit Komma(s) von der wörtlichen Rede getrennt. Besteht die wörtliche Rede aus einem Aussagesatz, dann entfällt bei diesem der Schlusspunkt.	Der Lehrer fragte: „Hat jemand die Hausaufgaben nicht gemacht?" **Ein Schüler rief:** „Ich hatte keine Zeit!" „Ich hatte keine Zeit**!", rief ein Schüler.** „Ich hatte"**, rief ein Schüler,** „keine Zeit!" „Ich hatte keine Zeit", murmelte ein Schüler leise.
Die **indirekte Rede** wird durch ein Komma vom Hauptsatz abgetrennt. Möchte man wiedergeben, was jemand gefragt hat, dann wird der Fragesatz in einen Nebensatz verwandelt. Auch diese **indirekten Fragesätze** werden durch ein Komma vom Hauptsatz abgetrennt. Sie enden mit einem Punkt. Sie werden mit der Konjunktion ***ob*** oder mit einem Fragewort eingeleitet.	Ein Schüler sagte**, er habe keine Zeit gehabt.** Der Lehrer fragte, **ob** jemand die Hausaufgaben nicht gemacht habe. Der Lehrer fragte, **weshalb** der Schüler die Hausaufgaben nicht gemacht habe.
Zitate sind Wörter, Sätze oder Abschnitte aus einer anderen Quelle, die wörtlich wiedergegeben werden. Mit Zitaten kann man eigene Meinungen belegen oder die Meinung anderer anführen. Für die Übernahme von Zitaten gelten folgende Regeln: ■ Sie werden in Anführungszeichen gesetzt. ■ Sie müssen wörtlich wiedergegeben werden, auch wenn sie z. B. noch in der alten Rechtschreibung stehen. ■ Der Verfasser muss genannt werden.	Bereits Sokrates sagte: **„**Die Jugend von heute liebt den Luxus, hat schlechte Manieren und verachtet die Autorität.**"** In dem Gedicht **„**Gefunden**"** bezeichnet Goethe seine Freundin als **„**Blümchen**"**, das beschrieben wird **„**Wie Sterne leuchtend, wie Äuglein schön**".**
Auch bei **Überschriften** und **Titeln** stehen Anführungszeichen sowie bei Wörtern, die **ironisch** gemeint sind.	Das Buch **„**Tintenherz**"** wurde erfolgreich verfilmt. Das hast du ja wieder **„**prima**"** hingekriegt.

ÜBUNG 11 **Wer sagt was? Schreibe die Sätze aus den Sprechblasen an die passende Stelle des Textes. Setze die richtigen Satzzeichen.**

Das darf doch nicht wahr sein! So eine chaotische Familie!

Macht ihr dann später den ganzen Dreck weg?

Kannst du bitte aufhören zu saugen? Wir verstehen kein Wort!

Kann man hier nicht einmal in Ruhe seine Zeitung lesen?

Mutter saugt den Boden. Thomas und Martin sitzen vor dem Fernseher und sehen sich einen Tierfilm an. Da dreht sich Martin um und fragt die Mutter

Diese antwortet

Martin zuckt mit den Schultern und schaltet den Fernseher lauter.

schimpft der Vater, der im Sessel seine Zeitung liest.

Tina, die am Tisch sitzt und ihre Hausaufgaben machen will, schüttelt den Kopf und murmelt vor sich hin

ÜBUNG 12 **Setze die Sätze aus Übung 11 in die indirekte Rede. Achte auf die Zeichensetzung.**

1. Martin dreht sich um und fragt die Mutter, ob
2. Diese antwortet
3. schimpft der Vater.
4. Tina murmelt vor sich hin

ÜBUNG 13 **Setze in die indirekte Rede die fehlenden Wörter sowie die Kommas ein.**

1. Der Bademeister fragte laut ______ vom Beckenrand gesprungen sei.
2. Eine junge Schwimmerin erkundigte sich ______ dies verboten sei.
3. Der Bademeister wunderte sich und fragte zurück ______ sie das nicht wisse.
4. Die Frau fragte ______ sie das wissen solle. Der Bademeister zeigte auf das Schild.
5. Da erschrak die Frau und fühlte vor ______ Strafe sie nun erwarte. Der Bademeister lachte und winkte ab.

ÜBUNG 14 **Schreibe die passenden Überschriften und Titel in den Satz. Setze die fehlenden Anführungszeichen.**

1. Eines von Goethes bekanntesten Dramen ist ______ (ustFa).
2. In der Sendung ______ (ttWeen dssa ...?) wettet auch das Publikum gegen den Moderator.
3. Den Comic ______ (ixAster und ixObel) gibt es bereits seit 50 Jahren.

ÜBUNG 15 **Setze die fehlenden Anführungszeichen.**

1. Jana bezeichnete ihre frühere Freundin als Zicke.
2. Der Satz Ich bin ein Berliner ist das berühmteste Zitat von John F. Kennedy.
3. Gott würfelt nicht! ist ein Ausspruch, der dem Physiker Albert Einstein zugeschrieben wird.
4. Die Redewendung aus heiterem Himmel meint, dass etwas plötzlich und überraschend passiert.
5. Leider hatte ich das Schild Betreten auf eigene Gefahr übersehen.
6. Der Politiker nannte den Vorfall eine Schmierenkomödie und seinen Gegner einen hinterhältigen Schmarotzer.

6.3 Zusätze und Nachträge, Datums- und Zeitangaben, Komma bei Aufzählung

Zusätze und **Nachträge** werden mit einem Komma abgetrennt. Dies gilt für: ■ **Einschübe,** ■ **Appositionen** (Beifügungen), ■ **nachgestellte Erläuterungen**, die z. B. eingeleitet werden mit *also, besonders, das heißt, insbesondere, nämlich, und zwar, vor allem, zum Beispiel.*	Die Schule**, sie ist neu errichtet,** hat einen guten Ruf. Der Rektor**, ein sehr erfahrener Mann,** ist ein Adliger. Alle Kolleginnen**, insbesondere die musikalischen Fachkräfte,** sind hervorragend dafür ausgebildet.
Auch **Anreden** und **Ausrufe** werden mit einem Komma abgetrennt. Sind sie eingeschoben, dann werden sie von Kommas eingeschlossen.	„Nico und Jan**,** würdet ihr bitte auch zuhören?" Auch dir**,** liebe Anja**,** möchte ich an dieser Stelle ein herzliches „Danke" sagen.
Zusätze oder Nachträge kann man auch mit einem (doppelten) **Gedankenstrich** vom übrigen Text abgrenzen. *Wichtig:* Am Ende eines Satzes, der in Gedankenstriche eingeschoben wird, darf kein Punkt stehen. Ausrufe- oder Fragezeichen hingegen bleiben erhalten.	Der Verkäufer – ein bildhübscher junger Mann – kam mit schnellen Schritten auf sie zu. Am Samstag – es war der erste Ferientag – regnete es unaufhörlich. Am Samstag – war es der erste Ferientag? – begann es zu schütten. Am Samstag – es war der erste Tag der Sommerferien! – regnete es unaufhörlich.
Datums- und Zeitangaben, die aus mehreren Teilen bestehen, werden durch Kommas gegliedert. Das letzte Komma ist freigestellt.	Am Sonntag**,** den 6. Dezember**,** um 18 Uhr**(,)** kommt der Nikolaus ins Gemeindezentrum. – Am Sonntag**,** den 6. Dezember**(,)** kommt der Nikolaus.
Bei einer **Aufzählung** trennt das Komma die einzelnen Glieder voneinander. *Achtung:* Sind die Glieder mit den Konjunktionen *und, oder, sowie, entweder – oder, sowohl – als auch, weder – noch* verbunden, dann steht kein Komma. Bei entgegenstellenden Konjunktionen jedoch wie *aber, jedoch, doch, sondern* wird ein Komma gesetzt.	Joggen macht Spaß**,** hält fit**,** fördert die Ausdauer**,** ist ein günstiges Hobby. Joggen macht Spaß *und* hält fit, fördert die Ausdauer *sowie* die Fettverbrennung *und* ist ein günstiges Hobby. Joggen macht Spaß**,** *aber* es ist anstrengend.

WISSEN

ÜBUNG 16 **Ergänze die fehlenden Satzzeichen.**

ÜBUNG 17 **Sieh dir das Bild von Übung 16 an und ergänze die Aufzählung. Setze die Kommas richtig.**

1. Auf dem Markt gibt es Fisch ______ ______ und ______.
2. Der Fischverkäufer bietet wenige große und viele ______ Fische an.
3. Bei der älteren Frau kann man Kopfsalat ______ ______ ______ sowie ______ kaufen.
4. Am rechten Stand gibt es verschiedene Wurstsorten: Sowohl ______ als auch ______ sind dort zu haben.

ÜBUNG 18 **Setze die Kommas richtig.**

1. Die Party findet am Freitag den 5. Juni ab 19 Uhr statt.
2. Von Samstag den 15. Mai bis zum Sonntag den 30. Mai sind wir in Urlaub.

ÜBUNG 19 **Setze die Zusätze und Nachträge aus dem Wortspeicher richtig in die Sätze ein. Setze die Kommas.**

ein Jahr nach der Unabhängigkeit Indiens – ein wertvolles Mineral – einer der bekanntesten Aktionen Gandhis – einer Küstenstadt in Indien – genannt Mahatma Gandhi – sein Name bedeutet „große Seele"

Mohandas Karamchand Gandhi ______
wurde im Oktober 1869 in Porbandar ______
geboren. Mahatma Gandhi ______
war ein Rechtsanwalt. Er kämpfte für die Unabhängigkeit seines Landes. Beim Salzmarsch ______ folgten ihm Hunderttausende von Menschen, um Salz ______
______ aus dem Meer zu gewinnen. Im Jahr 1948
______ wurde Gandhi ermordet.

ÜBUNG 20 **Setze den zweiten Satz jeweils als Zusatz bzw. Nachtrag in den ersten Satz ein. Grenze die eingefügten Sätze mit Gedankenstrichen ab. Denke an die Satzzeichen.**

1. Im letzten Sommer machten wir auf den Kykladen Urlaub. Dies ist eine Inselgruppe im Ägäischen Meer.

   Im letzten Sommer machten wir auf den Kykladen – einer Inselgruppe ______.

2. Tagsüber lagen wir faul am Strand. Es hatte über vierzig Grad!

   ______

3. Abends aßen wir frische Meeresfrüchte und Gegrilltes im See-Restaurant mit Blick auf das Meer. Oder hieß es Meer-Restaurant?

   ______

ÜBEN

Thementests

Lass dir die Texte ohne Angabe von Satzzeichen diktieren und verbessere anschließend deine Fehler. Du kannst auch Eigendiktate durchführen.

■ Ein verflixter Morgen |

Als meine Mutter mich | mit einem fröhlichen „Guten Morgen" weckte, | war ich noch nicht annähernd wach. | Ich schlief weiter, | bis mein Vater von unten rief: | „Bernd, aufwachen, du Schlafmütze! | Du kommst zu spät!" | Nachdem ich mich also aus dem Bett gequält hatte, | rutschte ich auf der Fußmatte aus. | „Au!", schrie ich, | aber niemand hörte mich. |

Ich rappelte mich hoch und hinkte ins Bad, | das wie immer besetzt war. | Meine Schwester! | Damit sie ja auch schön genug ist, | steht sie immer eine halbe Stunde früher auf. | Ich hämmerte gegen die Tür und rief: | „Susi, aufmachen! | Ich muss ins Bad, | ich komme zu spät zur Schule!" | Da sie so tat, | als würde sie nichts hören, | trat ich gegen die Tür. |

Und sofort durchfuhr mich ein stechender Schmerz: | mein großer Zeh! | Ich musste ihn angeknackst haben. | Reflexartig hielt ich ihn mit der Hand fest, | nun noch auf einem Bein stehend. | „Da siehst du, was du angerichtet hast!", | schrie ich in Richtung Badezimmertür. |

Nachdem ich langsam zurück ins Bett gehumpelt war, | zog ich mir die Decke über den Kopf. | Hier kriegt mich heute keiner mehr raus.

(185 Wörter)

Endlich Frühling |

Der Winter ist vorbei, | der Frühling hält Einzug. | Das Thermometer zeigt steigende Temperaturen, | die Sonne kämpft sich durch die Wolken. | In den Parks und Grünflächen erscheinen die ersten bunten Frühlingsboten: | Schneeglöckchen, Krokusse, Osterglocken und Tulpen | erfreuen die Menschen mit ihrem Anblick. | Das Leben erwacht, | die Zeit der Starre und Kälte ist vorbei. |

Doch man kann den Frühling nicht nur sehen, | sondern auch hören: | Die Vögel, die bei uns überwintert haben, | machen sich durch ihr fröhliches Gezwitscher wieder bemerkbar. | Die Zugvögel kündigen ihre Rückkehr | durch aufgeregtes Geschnatter an: | Störche, Kraniche, Drosseln und Nachtigallen sind wieder da. |

Wenn man im Frühling einen Spaziergang durch den Wald macht, | dann wird man einiges erleben: | Vögel, die ihre Brutstätte richten, | Bäume, die allmählich grün werden, | und Frühblüher, die den dunklen Waldboden bunter machen. | Die Blumen ziehen zahlreiche Insekten an, | überall summt und brummt es. |
Und erst der Duft! |

Kein Wunder, dass der Frühling so viele Dichter und Musiker | zu neuen Werken inspiriert hat. | Sicher können auch wir Theodor Fontane zustimmen, | wenn er in seinem Gedicht „Frühling“ sagt: | „Nun ist er endlich kommen doch in grünem Knospenschuh …“.

(183 Wörter)

Albert Einstein |

Sicher wirst du bei dem Namen „Albert Einstein“ sofort an dieses Bild denken: | Ein älterer Mann mit wirr vom Kopf abstehenden weißen Haaren, | der dem Betrachter die Zunge herausstreckt. | Wenn man das Foto sieht, | dann sollte man nicht glauben, | dass es sich bei dem Spaßvogel um einen der besten Naturwissenschaftler überhaupt handelt. |

Einstein veränderte maßgeblich das physikalische Weltbild, | er gilt als Inbegriff des Forschers und als Genie | und wurde im Jahr 1999 zum größten Physiker aller Zeiten gewählt. |

Sein Hauptwerk ist die „Relativitätstheorie“, | die das bisherige Verständnis von Raum und Zeit auf den Kopf stellte. | Für „normale“ Menschen ist sie schwer zu verstehen. | Dennoch meinte Einstein spaßeshalber: | „Manche Männer bemühen sich lebenslang(,) | das Wesen einer Frau zu verstehen. | Andere befassen sich mit weniger schwierigen Dingen, | zum Beispiel der Relativitätstheorie.“ |

Albert Einstein wurde im Jahr 1879 in Ulm, Deutschland, geboren. | Als absehbar wurde, | dass die Nationalsozialisten an die Macht kamen, | reiste er in die USA aus. | Zum einen verabscheute er alles Militärische, | zum anderen war es für ihn als Jude im Ausland sicherer. | In den USA forschte er weiter, | außerdem setzte er sich für den Weltfrieden ein. | Im Jahr 1955 starb er.

(193 Wörter)

Abschlusstest

AUFGABE 1 **Groß oder klein? Kreise das richtige Wort ein.**

1. Eines tages / Tages bin ich darüber hinweg.
2. Der dritte / Dritte Anlauf klappt bestimmt.
3. Leider wurde sie nur vorletzte / Vorletzte.
4. Das war heute zu viel / Viel für mich!
5. Das Treffen wird abends / Abends stattfinden.
6. Ich werde unter / Unter anderem / Anderem den Kölner Dom besuchen.
7. Wir werden heute / Heute abend / Abend ins Theater gehen.

AUFGABE 2 **Welche festen Begriffe und Eigennamen sind gemeint? Schreibe sie mit Artikel richtig auf. Die Anfangsbuchstaben sind jeweils fett gedruckt.**

1. ge**h**eili ter**v**a:
2. ter**o** uz**k**re:
3. le**s**til an**o**ze:
4. eerst iegw**e**ltkr:

AUFGABE 3 **Handelt es sich jeweils um trennbare oder untrennbare Verben? Schreibe dahinter.**

1. mitgehen:
2. erzählen:
3. zerbrechen:

AUFGABE 4 **Schreibe je fünf Wörter mit *Dehnungs-h* und je fünf Wörter mit *Dehnungs-e* auf.**

AUFGABE 5 **Vereinfache die Ausdrücke, indem du einen Ergänzungsbindestrich setzt.**

1. Der Eingang und der Ausgang:
2. Das Hausheft und das Schreibheft:
3. Das Wurstsortiment, das Fleischsortiment und das Käsesortiment:

AUFGABE 6 **Streiche die falsche Schreibweise durch.**

1. der Rasen / der Raasen
2. der Tiger / der Tieger
3. das Bötchen / das Böötchen
4. der Sal / der Saal
5. die Qual / die Quahl
6. die Quale / die Qualle
7. die Mese / die Messe
8. der Tank / der Tanck
9. die Pitza / die Pizza
10. die Buse / die Busse
11. das Gebläse / das Gebläße
12. blaß / blass

AUFGABE 7 **Schreibe die Sätze richtig auf.**

1. ANDASRADFAHRENMITDIRKANNICHMICHERINNERN.

2. GEHTESIHNENGUT?

3. ESGIBTKEINWENNUNDABER.

4. DIEBLAUEHOSEGEFÄLLTMIRBESSERALSDIESCHWARZE.

5. DASISTMIRSEHRRECHT.

AUFGABE 8 ***s, ss* oder *ß*? Setze ein.**

1. das Wa___er
2. er lie___
3. die Va___e
4. der Fra___
5. bla___en
6. die___er
7. kra___
8. der Stu___
9. blo___
10. sto___en
11. die Wie___e
12. du fri___t

AUFGABE 9 **Substantiviere die Partizipien und Präpositionen und setze sie richtig ein.**

1. *essend:* Der am Tisch ___ beweist Manieren.
2. *hin / her*: Das ___ und ___ nervt mich.
3. *nervend:* Das blonde Mädchen ist die ___, von der ich dir erzählt habe.
4. *gegenüber:* Dein ___ beobachtet dich ständig.
5. *dafür / dagegen:* Du musst gut das ___ und das ___ abwägen.

AUFGABE 10 **Setze die fehlenden Kommas und unterstreiche die Relativsätze.**

1. Stefan und Dirk die beide aus Köln kommen machen sich schon früh am Morgen auf, um rechtzeitig zum Start an der Rennstrecke zu sein.
2. Wenn die Züge die sie benutzen wollen keine Verspätung haben, sind sie um 12.30 Uhr am Nürburgring.
3. Aber schon der erste Zug auf den sie im Kölner Hauptbahnhof warten hat fast 20 Minuten Verspätung.
4. Jetzt ist es für die beiden fast unmöglich, den Anschlusszug der um 9.40 Uhr von Bonn aus fährt zu bekommen.
5. Sie hoffen, dass sie dennoch pünktlich zum Start der um 14.00 Uhr sein soll an der Rennstrecke ankommen.

AUFGABE 11 **Welche Schreibweise ist richtig? Kreuze an.**

1.	☐ das 100fache	☐ das 100-fache	☐ das 100Fache
2.	☐ die 10-er-Gruppe	☐ die 10er-Gruppe	☐ die 10-er Gruppe
3.	☐ zum x-ten Mal	☐ zum xten-Mal	☐ zum xten Mal
4.	☐ der 50-%-ige	☐ der 50%-ige	☐ der 50%ige
5.	☐ der 5-Euro Schein	☐ der 5-Euro-Schein	☐ der 5Euro-Schein

AUFGABE 12 **Streiche das falsche Wort durch.**

1. die Ruhestädte / die Ruhestätte
2. der Tod / der Tot
3. endtäuscht / enttäuscht
4. die Wiederkehr / die Widerkehr
5. der Konfirmand / der Konfirmant
6. der Abstand / der Abstant
7. todkrank / totkrank
8. stadtgeben / stattgeben

AUFGABE 13 **Setze die Wörter aus dem Wortspeicher richtig ein.**

Lärche – Lerche – Laib – Leib – Saite – Seite – Waise – Weise

1. Ich hätte gerne einen ______ Schwarzbrot.
2. Auf welcher ______ des Buches bist du?
3. Es ist ganz tragisch: Sie ist eine ______ .
4. Ist es die Nachtigall oder die ______ ?
5. Die ______ deiner Gitarre ist gerissen.
6. Ich bereite die Mahlzeit auf meine ______ zu.
7. Die ______ wächst häufig in nördlichen Urwäldern.
8. Halt mir bloß die Spinne vom ______ !

AUFGABE 14 ***Das / das* oder *Dass / dass*? Setze richtig ein.**

1. Ich möchte gerne ________ Kaninchen, ________ mich mit großen Augen anschaut.
2. Ich denke, ________ du gehen solltest.
3. ________ ist nicht wahr!
4. Ist es nicht so, ________ du gelogen hast?
5. ________ ich in der Schule besser geworden bin, ________ habe ich dir zu verdanken.

AUFGABE 15 **Welche Schreibweise ist richtig? Kreuze an.**

1. ☐ Flyer ☐ Fleier
2. ☐ Redaktör ☐ Redakteur
3. ☐ Ragout ☐ Ragut
4. ☐ Shampou ☐ Shampoo
5. ☐ Prophet ☐ Profet
6. ☐ Rheuma ☐ Reuma

AUFGABE 16 **Einmal getrennt, einmal zusammen. Setze richtig ein.**

schwarzmalen / schwarz malen:

1. Ich würde den Hintergrund des Bildes nicht ________.
2. Wieso möchtest du deine Zukunft unbedingt so ________?

gutschreiben / gut schreiben:

3. Kannst du mir den Betrag bitte ________?
4. Ich bin stolz auf dich: Ich sehe, dass du ________ kannst.

wahrsagen / wahr sagen:

5. Er wird sicher nicht lügen, er wird dir alles ________.
6. Gestern war ich bei einer alten Frau, die behauptet, dass sie ________ kann.

TESTEN

AUFGABE 17 **Schreibe die Sätze richtig auf.**

1. infolgederneuengesetzemüssenwireinigesumändern.

2. hieristesstockdunkel.

3. ichmussaufpassen, dassichdasnichtdurcheinanderbringe.

4. ihrwerdetsicherzufriedensein.

5. ichgehedavonaus, dassderarztmichfürlängerezeitkrankschreibenwird.

AUFGABE 18 **Getrennt oder zusammen? Streiche die falsche Schreibweise durch.**

1. Nachdem / Nach dem ich Sport gemacht habe, fühle ich mich besser.
2. Ich fahre nicht mehr Auto, seitdem / seit dem ich einen Unfall hatte.
3. Seitdem / Seit dem Unfall bin ich nicht mehr Auto gefahren.
4. Nachdem / Nach dem Essen mache ich Hausaufgaben.
5. Wir wandern soweit / so weit, wie wir es schaffen.
6. Soweit / So weit ich es abschätzen kann, wird es morgen nicht regnen.

AUFGABE 19 ***Seid / seid* oder *Seit / seit*? Setze richtig ein.**

1. ______ ihr bereit?
2. ______ Jahren warte ich auf diesen Moment.
3. Ihr ______ ja lustig!
4. ______ die Schüler ein Jahr älter sind, sind sie nicht mehr so zappelig.

TESTEN

AUFGABE 20 **Setze die fehlenden Satzzeichen.**

1. Lea gefiel das Buch Farm der Tiere sehr gut
2. Tom fragte wann er am Nachmittag vorbeikommen könne
3. Mike fragte Wäre um 15 Uhr okay
4. Sie äußerte den Wunsch mit ihm ins Ausland zu reisen
5. Herr Schmitt unser Klassenlehrer fährt mit uns an die Ostsee
6. Am Dienstag den 22. Dezember steigt unsere Weihnachtsparty
7. Nina spricht von ihrem Freund nur noch als mein Liebster
8. Er war gekommen um sich nochmals zu verabschieden

AUFGABE 21 **Setze die fehlenden Kommas.**

Gestern stand in der Zeitung dass die Mannschaft des 1. FC schon wieder verloren hat. Viele Fans die bis jetzt noch jede Woche zu den Meisterschaftsspielen gegangen sind fragen sich ob der Abstieg der Mannschaft noch zu verhindern ist. Sie diskutieren darüber ob ein Trainerwechsel in dieser Situation sinnvoll ist. Ihre große Hoffnung ist dass das Team auch in der kommenden Spielzeit in der Verbandsliga spielt. Martin einer der leistungsstärksten Spieler sagte: „Ich werde alles tun um das Trainergespann das wirklich gute Arbeit leistet zu unterstützen. Wenn wir absteigen dann wird die Mannschaft auseinanderbrechen.“

AUFGABE 22 **Welche Bedeutung haben die folgenden Wortbausteine? Schreibe sie auf und finde zu jedem Wortbaustein drei Wörter.**

1. *bio-:*
2. *mono-:*
3. *tele-:*

TESTEN

Lass dir den Text ohne Angabe der Satzzeichen diktieren und verbessere anschließend deine Fehler. Du kannst auch ein Eigendiktat durchführen.

■ Dramen und Tragödien |

„Es war die Nachtigall und nicht die Lerche ...“ | Dieser Satz aus „Romeo und Julia“ | löst bei mir immer wieder Herzflattern aus. | Das ist so romantisch! | Romeo und seine Julia, | eines der schönsten Liebespaare aller Zeiten. | Schade, dass die Geschichte so tragisch enden muss. | Allerdings muss ich feststellen, | dass die meisten bekannten Liebesgeschichten eher traurig sind. | Zum Beispiel Tristan und Isolde, | Cleopatra und Marc Anton, | selbst Adam und Eva hatten kein glückliches und unbeschwertes Leben. | Woran das nur liegt? |

Mein bester Freund Adam | – so heißt er wirklich! – | meint, dass die Menschen keine glücklichen Geschichten hören wollen. | Da muss ich ihm doch gleich widersprechen: | Es gibt doch wohl nichts Tolleres | als eine schöne Lovestory mit einem Happy End*, | die man sich 100-mal* im Fernsehen anschauen kann – | unter Bereithaltung mehrerer Packungen Taschentücher natürlich! | Doch Adam meint, eine Handlung, | in der sich ein Paar sympathisch findet | und bis ans Ende seines Lebens glücklich ist | – ohne Probleme zwischendurch natürlich –, | würde keinen Hund hinterm Ofen hervorlocken. | Wobei ich sowieso bezweifle, | dass Hunde sich dafür interessieren würden. |

Womöglich hat Adam recht*. | Also ist es ganz gut, | dass die Autoren sich Dramen und Tragödien ausdenken. | Solange das Ganze unterhaltsam ist, | gebe ich dazu gerne mein Okay!

* *auch:* Happyend, hundertmal, Recht (202 Wörter)

1 Die Groß- und Kleinschreibung

ÜBUNG 1 S. 6
1. Morgen; **2.** gestern; **3.** Nachmittag; **4.** Abends

ÜBUNG 2 S. 6
1. halb; **2.** Viertel; **3.** Viertel; **4.** halb

ÜBUNG 3 S. 7

T	U	Q	X	S	A	L	L	E	M
S	S	Q	B	Ä	M	P	K	C	A
J	Ö	J	E	M	A	N	D	C	N
N	N	R	I	T	G	J	R	K	W
T	G	Ä	D	L	X	E	S	N	F
A	Q	A	E	I	V	D	I	B	H
D	W	E	L	C	H	E	D	M	F
B	T	M	E	H	R	E	R	E	X
T	I	R	G	E	N	D	W	E	R
K	E	I	N	E	R	I	D	H	Y

ÜBUNG 4 S. 7
Lösungsvorschlag:
1. Sämtliche Gegenstände sind wertlos.
2. Es wird schon irgendwer kommen.
3. Dort sind bereits mehrere.
4. Er weiß nicht, ob er welche bekommen kann.
5. Und keiner hat etwas gesehen.
6. An der Tür ist jemand.
7. Ihr beide bleibt hier.
8. Das kann jeder behaupten.
9. Dort stehen alle.
10. Auf den Geburtstag freut man sich.

ÜBUNG 5 S. 7
1. erste (Treffer); **2.** Fünfter, letzter (Rennfahrer); **3.** dritter (Stelle)

ÜBUNG 6 S. 8
1. vier; **2.** zwei; **3.** Sechs; **4.** drei; **5.** Dreizehn; **6.** neunzig; **7.** zwölf; **8.** Null; **9.** Tausenden / tausenden

ÜBUNG 7 S. 8
1. Jeder Einzelne bekommt ein Geschenk.
2. Vielleicht hast du einfach zu wenig geübt.
3. Es gab zahllose Nachahmer.
4. Ich habe noch Verschiedenes zu erledigen.

ÜBUNG 8 S. 10
1. Ihr; **2.** euren; **3.** dich; **4.** Sie

ÜBUNG 9 S. 10
2. Wir kommen direkt **von dem** Kino.
3. Gehst du mit mir **in das** Theater?
4. Wir können uns **an dem** Spielplatz treffen.

ÜBUNG 10 S. 10
1. im; **2.** Das; **3.** zum; **4.** am

ÜBUNG 11 S. 11
Lösungsvorschlag:
2. Beim Singen vergesse ich alles um mich herum.
3. Ich gehe jedes Wochenende zum Tanzen.
4. Das morgendliche Aufstehen fällt mir schwer.

ÜBUNG 12 S. 11
2. manches Neue; **3.** viel Erstaunliches; **4.** einiges Interessantes

ÜBUNG 13 S. 11
2. Gekochtes; **3.** Auf, Ab; **4.** Aus

ÜBUNG 14 S. 12
2. Besten; **3.** Trockene; **4.** Entschiedenste; **5.** Klaren; **6.** Reine; **7.** Gute; **8.** Ganzen

ÜBUNG 15 S. 12
1. Willst du einen kurzen oder langen Rock?
2. Es besteht ein reges Kommen und Gehen.
3. ... ein Drunter und Drüber

ÜBUNG 16 S. 12
1. süße, herbe; **2.** laute, Klingeln, überhören; **3.** Hurra; **4.** Eins, Mitarbeiten; **5.** Aber

ÜBUNG 17 S. 14
2. „Die Räuber"; **3.** „Die Chemie des Todes"; **4.** „Mit Schirm, Charme und Melone"; **5.** „Schüttel deinen Speck"

ÜBUNG 18 S. 14
1. Dann stellte sich heraus: Der Hund hatte die Würstchen.
2. Ich könnte dir anbieten: frischen Orangensaft, Mineralwasser oder Limonade.
3. Er rief sie alle zu sich: die Schüler und die Lehrer.

ÜBUNG 19 S. 14
1. Der Lehrer fragte: „Wer ist es gewesen?"
2. Philipp rief: „Ich bin unschuldig."

ÜBUNG 20 S. 15
1. französisch / Französisch; **2.** Englisch; **3.** Spanisch; **4.** Griechisch; **5.** türkisch / Türkisch

ÜBUNG 21 **S. 15**
2. dunkelgrüne, Schwarz; **3.** schwarzen, roten; **4.** Rot, weißen

ÜBUNG 22 **S. 17**
2. Stille Ozean; **3.** Dreißigjährige Krieg; **4.** Weiße Sonntag; **5.** Große Bär; **6.** Weiße Seerose; **7.** Schiefe Turm; **8.** Ewige Stadt

ÜBUNG 23 **S. 17**
1. recht; **2.** Recht; **3.** leid; **4.** leid; **5.** Leid

ÜBUNG 24 **S. 18**
1. Frankfurter; **2.** Wiener; **3.** Berliner; **4.** Thüringer; **5.** Münchner; **6.** Schweizer; **7.** Brandenburger; **8.** Ulmer

ÜBUNG 25 **S. 18**
Gutes aus Europa
Der Schweizer Käse schmeckt mir am besten, obwohl der holländische Gouda auch nicht zu verachten ist. Belgische Pralinen mag ich gerne, doch auch die Engländer können gute Süßwaren herstellen. Das Bier in Düsseldorf, das Düsseldorfer Alt, ist ebenso bekannt wie der italienische Wein. Doch auch die Franzosen haben guten Wein, vor allem aber sind die französischen Croissants ein Genuss.

2 Die Getrennt- und Zusammenschreibung

ÜBUNG 1 **S. 24**
1. trennbar **2.** untrennbar; **3.** trennbar; **4.** untrennbar; **5.** trennbar; **6.** trennbar; **7.** untrennbar

ÜBUNG 2 **S. 24**
1. Du wirst die Vase noch fallen lassen!
2. Ich schlussfolgere, dass du viel gelernt hast.
3. Ihr werdet über diese Sache noch anders denken.

ÜBUNG 3 **S. 24**
Lösungsvorschlag:
1. Auto fahren; **2.** Rede halten; **3.** Schlittschuh laufen; **4.** Wäsche waschen

ÜBUNG 4 **S. 25**
1. innehaben; **2.** kehrtmachen; **3.** umhinkommen; **4.** vonstattengehen; **5.** vorliebnehmen; **6.** zugutehalten; **7.** zuteilwerden

ÜBUNG 5 **S. 25**
2. Mein Zufriedensein; **3.** Das Dabeisein; **4.** unser Beieinandersein; **5.** mein baldiges Zurücksein

ÜBUNG 6 **S. 26**
2. dorthin fahren; **3.** zusammenkleben; **4.** herumexperimentieren; **5.** nebenhergehen; **6.** besonders interessieren

ÜBUNG 7 **S. 26**
1. schönreden; **2.** schön reden; **3.** groß schreiben; **4.** großschreiben; **5.** frei sprechen; **6.** freisprechen; **7.** dichthalten; **8.** dicht halten

ÜBUNG 8 **S. 28**
2. schwer + reich: schwerreich; **3.** hell + wach: hellwach; **4.** hoch + giftig: hochgiftig; **5.** dunkel + rot: dunkelrot; **6.** super + alt: superalt

ÜBUNG 9 **S. 28**
1. bahnbrechend; **2.** herzerquickend; **3.** mondbeschienen; **4.** standhaltend; **5.** freudestrahlend; **6.** schlafwandelnd; **7.** irregeleitet; **8.** maßregelnd; **9.** geheimnisumwittert

ÜBUNG 10 **S. 28**
1. Anstatt; **2.** Infolgedessen; **3.** zufolge; **4.** zugrunde; **5.** zustande; **6.** infrage; **7.** anhand; **8.** zuwege

ÜBUNG 11 **S. 29**
1. unter der Hand; **2.** zu Fuß; **3.** am Ende

ÜBUNG 12 **S. 29**
1. seit dem; **2.** seitdem; **3.** Sooft; **4.** so oft; **5.** Nachdem; **6.** Nach dem

ÜBUNG 13 **S. 31**
2. der Kfz-Schlosser; **3.** 1-zeilig; **4.** die VIP-Lounge; **5.** die S-Kurve; **6.** x-mal; **7.** das Genitiv-s; **8.** der 18-Jährige; **9.** die Fußball-WM; **10.** das Dehnungs-h

ÜBUNG 14 **S. 31**
2. das Auf-die-lange-Bank-Schieben; **3.** das An-den-Haaren-Herbeiziehen; **4.** das Teils-teils; **5.** das In-den-Tag-hinein-Träumen; **6.** das Schwarzweiß-Sehen; **7.** die Sturm-und-Drang-Jahre

ÜBUNG 15 **S. 31**
1. das 20fache; **2.** die 30er-Gruppe; **3.** ein 100stel Gramm; **4.** die n-te Potenz; **5.** das 10er-Format; **6.** der 200%ige; **7.** der 10-Euro-Schein

ÜBUNG 16 **S. 32**
Senkrecht: **1.** Feier; **3.** Winter; **4.** Speise; **6.** Haus
Waagrecht: **2.** Mittag; **3.** Wurst; **5.** Wohnzimmer

3 Gleich und ähnlich klingende Silben und Wörter

ÜBUNG 1 **S. 37**
Stadt / -stadt / Städte / -städte: Stadtbezirk, Vorstadt, Stadtteil, Großstadt, Städtepartnerschaft, Industriestadt, Stadtbibliothek, Städtebau
Statt- / statt- / -stätte: Ruhestatt, stattdessen, Raststätte, stattgeben, Arbeitsstätte, statthaft, Brandstätte, statthaben

ÜBUNG 2 **S. 37**
1. Stadtteil / Stadtbezirk; **2.** Industriestadt / Großstadt; **3.** stattgeben; **4.** Arbeitsstätte

ÜBUNG 3 **S. 37**
1. Tod; **2.** Todfeind; **3.** tot; **4.** todmüde; **5.** totlachen

ÜBUNG 4 **S. 38**
1. enttäuscht; **2.** Gaststätte; **3.** Mandant; **4.** Anstatt; **5.** Stadtbibliothek; **6.** Endlich; **7.** Todesstoß; **8.** städtisch; **9.** Abstand; **10.** Totschlag
Zitat: Der Mensch soll lernen, nur die Ochsen büffeln.

ÜBUNG 5 **S. 38**
Die <u>Enttäuschung</u> war groß ... probte den <u>Aufstand</u>. Sie drohte damit, <u>pikant</u> zu werden ... <u>Entgegen</u> der weitläufigen Meinung ... wie ein <u>Informand</u> ihr gesagt habe. Der verhielt sich jedoch <u>entspannt</u> und meinte, die <u>Entscheidung</u> ... sehr erfreut, <u>endlich</u> den begehrten Preis ... mein <u>Endziel</u> erreicht", rief sie unter Tränen. „Das ist das <u>Entgelt</u> harter Arbeit!" ... und <u>entwand</u> der Gewinnerin die Trophäe. Der <u>Theaterintendant</u> lief dazu und es entstand ein <u>Handgemenge</u>, in dem der <u>Intendant</u> der Favoritin den Preis wieder <u>entreißen</u> konnte.

ÜBUNG 6 **S. 40**
1. die Lerche; **2.** die Lärche; **3.** die Verse; **4.** die Ferse; **5.** die Seite; **6.** die Saite

ÜBUNG 7 **S. 40**
1. Mahl; **2.** dehnen; **3.** war; **4.** malen; **5.** Wal; **6.** denen; **7.** mahlen; **8.** wahr; **9.** Wahl

ÜBUNG 8 **S. 41**
Waisenkind; Laib; Hain; Hein; Saiten; Leib; Seite; Weise

ÜBUNG 9 **S. 41**
1. Stiel; **2.** Lid; **3.** Miene; **4.** Fiber; **5.** Lied; **6.** Fieber; **7.** Stil; **8.** Mine

ÜBUNG 10 **S. 42**
die Wände; die Wende; rächen; rechen; die Felle; die Fälle; die Lerche; die Lärche

ÜBUNG 11 **S. 42**
1. Felle; **2.** Lärche; **3.** Wende; **4.** Lerche; **5.** Wände

ÜBUNG 12 **S. 42**
1. Seit; **2.** seit; **3.** seid

ÜBUNG 13 **S. 42**
1. die Wiederwahl; **2.** wiedererzählen; **3.** widerspiegeln; **4.** die Wiedergabe; **5.** die Wiederverwertung; **6.** widerspenstig; **7.** der Widersacher; **8.** der Widerhall

4 Dehnung, Schärfung und die s-Laute

ÜBUNG 1 **S. 47**
die H**aa**re; das B**oo**t; die B**ie**ne; die U**h**r; der Sp**ie**ß; die Za**h**len; die W**aa**ge; das Sp**ie**gelei

ÜBUNG 2 **S. 47**
Senkrecht: **1.** Gras; **4.** Rabe; **6.** Los; **7.** nagen; **8.** Vase
Waagrecht: **2.** sparen; **3.** Tor; **5.** aufblasen; **9.** Igel; **10.** Eber

ÜBUNG 3 **S. 48**
1. Stift – Neffe – oft – Kaff – Kliff;
2. Ebbe – Ober –heben – aber – Krabbe;
3. Ampel – Kammer – Glimmer – Lama – Sumpf;
4. Wette – Bart – Hirte – Matte – Pate

ÜBUNG 4 **S. 48**
1. Makkaroni; **2.** Jazz; **3.** Pizzeria; **4.** Akkusativ; **5.** Sakko; **6.** Skizze; **7.** Puzzle; **8.** Razzia; **9.** Akkorde

ÜBUNG 5 **S. 50**
2. Am Wortanfang steht ein einfaches *s*.
3. Ein stimmhafter s-Laut ist immer ein einfaches *s*. **4.** Wenn im Wort ein stimmloser *s*-Laut einem kurzen Vokal folgt, steht *ss*.

5. Ein stimmloser s-Laut nach einem langen Vokal wird als *ß* geschrieben.

ÜBUNG 6 **S. 50**
die Missbildung, missbrauchen, missdeuten, die Missempfindung, missgelaunt, missfallen / das Missfallen, das Missgeschick, missgönnen, der Missgriff, die Missgunst, misstrauen / das Misstrauen

ÜBUNG 7 **S. 50**
2. das Begräbnis, die Begräbnisse;
3. das Erlebnis, die Erlebnisse;
4. das Erzeugnis, die Erzeugnisse

ÜBUNG 8 **S. 51**
2. der Fluss (4); **3.** die Klasse (14); **4.** lesen (19); **5.** das Gebläse (1); **6.** die Wiese (7); **7.** die Klausel (2); **8.** bloß (17); **9.** der Stuss (13); **10.** die Soße (8); **11.** der Rasen (15); **12.** krass (11); **13.** der Schoß (10); **14.** gießen (6); **15.** die Blässe (16); **16.** groß (20); **17.** draußen (9); **18.** zu Hause (5); **19.** der Gruß (18); **20.** der Verdruss (3)

Lösungssatz: Wutentbrannt kommt der Vater in die Schule. „Ich finde wirklich nicht, dass mein Sohn in Englisch eine Sechs verdient hat", hält er dem Englischlehrer vor. „Das finde ich auch nicht", sagt der Lehrer. „Aber Sie dürfen mir glauben, dass es die schlechteste Note ist, die wir zur Verfügung haben."

ÜBUNG 9 **S. 52**
2. Konjunktion; **3.** Demonstrativpronomen;
4. Artikel, Relativpronomen; **5.** Konjunktion, Demonstrativpronomen

ÜBUNG 10 **S. 52**
1. dass; **2.** dass; **3.** das; **4.** das / das; **5.** das;
6. Dass / das; **7.** Das / das; **8.** dass; **9.** dass;
10. das

5 Die Schreibung von Fremdwörtern

ÜBUNG 1 **S. 57**
Hockey; Team; Training; Trenchcoat; Beat; Sweater; Volleyball; Beefsteak

ÜBUNG 2 **S. 57**
1. Volleyball, Hockey; **2.** Beat; **3.** Team; **4.** Sweater; **5.** Trenchcoat; **6.** Beefsteak; **7.** Training

ÜBUNG 3 **S. 57**
Gangster; Sneaker; Jeans; Shampoo; Joystick

ÜBUNG 4 **S. 58**
1. Regisseur; **2.** Jongleur; **3.** Fritteuse; **4.** Ingenieur; **5.** Chauffeur; **6.** Dompteur; **7.** Adieu

ÜBUNG 5 **S. 58**
1. Sauciere; **2.** Souvenir; **3.** Arrangement;
4. Palais; **5.** Spleen; **6.** Match; **7.** Hobby; **8.** Handicap; **9.** live

ÜBUNG 6 **S. 60**
der Babysitter; das Skateboard; der Soundcheck; der Countdown / Count-down; das / der Sportevent; das Kidnapping; das Making-of; nonstop

ÜBUNG 7 **S. 60**
1. Kusine; **2.** Fantasie; **3.** Biografie; **4.** Panter;
5. Tunfisch; **6.** substanziell; **7.** Jogurt; **8.** Diktafon;
9. Saxofon; **10.** Potenzial

ÜBUNG 8 **S. 60**
1. Alphabet; **2.** Apotheke; **3.** Tyrann; **4.** Apostroph;
5. System; **6.** Thema

ÜBUNG 9 **S. 61**
2. interess**ant**; **3.** die Diskuss**ion**; **4.** der Dokt**or**;
5. der Radi**us**; **6.** konsequ**ent**; **7.** das Publik**um**;
8. ide**al** / ide**ell**; **9.** die Formali**tät**

ÜBUNG 10 **S. 61**
Arabisch: Baldachin, Damast, Mokka, Sirup;
Griechisch: Asphalt, Bibliothek, Methode, Sympathie;
Italienisch: Aquarell, Parmesan, Tenor, Terrakotta;
Japanisch: Geisha, Kamikaze, Kimono, Sushi

ÜBUNG 11 **S. 61**
1. Sympathie; **2.** Sirup; **3.** Asphalt; **4.** Geisha;
5. Terrakotta; **6.** Damast; **7.** Kamikaze; **8.** Mokka;
9. Sushi; **10.** Aquarell

ÜBUNG 12 **S. 62**

C	G	K	M	K	B	I	O	G	R	A	F
I	E	O	N	J	P	B	I	O	T	O	P
M	O	G	G	E	O	M	E	T	R	I	E
E	S	G	M	V	L	N	N	W	L	T	H
G	P	G	O	S	Y	D	P	E	J	Y	M
A	H	K	N	E	F	T	T	N	D	S	W
L	Ä	M	O	N	O	G	R	A	M	M	E
I	R	Z	K	B	N	R	E	N	V	Q	Q
T	E	L	E	O	B	J	E	K	T	I	V
H	T	E	L	E	P	A	T	H	I	E	P

ÜBUNG 13 **S. 62**
1. Teleobjektiv; **2.** Geosphäre; **3.** polyfon;
4. Monogramm; **5.** Megalith

6 Die Zeichensetzung

ÜBUNG 1 **S. 68**
1. Die Sonne scheint, die Vögel zwitschern.
2. Tom malt ein Bild, seine Schwester schaut zu.
3. Der Zug fährt ein, die Bremsen quietschen.
4. Bald kommt der Winter, das Wetter wird bereits kälter.
5. Die Kerzen brennen, das Haus ist erleuchtet.

ÜBUNG 2 **S. 68**
Lösungsvorschlag:
1. Entweder ich kaufe das gelbe Kleid(,) oder ich entscheide mich für die rote Hose.
2. Ich gehe nicht gern ins Theater, aber Kino mag ich sehr.

ÜBUNG 3 **S. 69**
1. falsch; **2.** richtig; **3.** richtig; **4.** falsch; **5.** richtig;
6. richtig; **7.** richtig

ÜBUNG 4 **S. 69**
1. ... die ich auf dem Jahrmarkt gegessen habe ... (Relativsatz)
2. ... sodass ich pünktlich zu Hause bin. (Konjunktionalsatz)
3. ... um nach dem Rechten zu sehen. (Infinitivsatz)
4. ... völlig geschockt. (Partizipialsatz)

ÜBUNG 5 **S. 69**
1. Die Schule, **in** die wir gehen, gibt es schon lange.
2. Der Lehrer, **bei** dem wir Unterricht haben, ist noch jung.
3. Die Sommerferien, **auf** die wir uns so sehr gefreut hatten, sind vorbei.
4. Albert Schweitzer, **nach** dem unsere Schule benannt ist, war ein berühmter Theologe und Arzt.
5. Die Kirche, **neben** der unsere Schule liegt, ist die Stadtkirche.

ÜBUNG 6 **S. 70**
Unsere Crew blickt, nachdem wir die Erde in Schallgeschwindigkeit verlassen haben, auf unseren Heimatplaneten zurück. Als von einem unbekannten Planeten außerhalb unseres Sonnensystems die ersten Funksignale empfangen werden, wird unsere Expedition dorthin sofort vorbereitet. Die Leitung unserer Behörde stellt, nachdem alle Länder der Erde Vorschläge gemacht haben, ein Team zusammen. Die Leiterin unserer Expedition wird für einige Zeit zu Forschungszwecken dort bleiben, wenn es die Umstände erlauben. Weil gerade ein neuer Space-Driver entwickelt worden ist, kann sie damit dann zur nächsten Raumstation zurückfliegen. Von dort kann sie auch wichtige Instrumente anfordern, falls ihr Forschungsgeräte fehlen.

ÜBUNG 7 **S. 70**
1. Dein neues Fahrrad, das sicher sehr schnell fährt, gefällt mir.
2. Der Papagei, der sehr teuer ist, kann sprechen.
3. Ich wünsche mir eine Bibliothek, die auch CDs verleiht.
4. Die Bibliothek, die ich oft besuche, hat nur Bücher.
5. Meinen neuen Füller, den ich zum Geburtstag bekommen habe, benutze ich sehr gerne.

ÜBUNG 8 **S. 71**
1. Ich komme, obwohl mich der Film nicht interessiert, heute Abend mit ins Kino.
2. Doch ich möchte, da ich mich dann so einsam fühle, nicht alleine zu Hause bleiben.
3. Vielleicht kann ich, sobald wir im Kino sind, meine Freunde auch zu einem anderen Film überreden.

ÜBUNG 9 **S. 71**
1. muss; **2.** kann; **3.** kann; **4.** muss; **5.** muss;
6. muss
Lösungswort: Kommas

ÜBUNG 10 **S. 71**
1. Ich wurde dafür belohnt, ein guter Schüler zu sein.
2. So ging er davon, glücklich und freudestrahlend.

ÜBUNG 11 **S. 73**
... und fragt die Mutter: **„Kannst du bitte aufhören zu saugen? Wir verstehen kein Wort!“** Diese antwortet: **„Macht ihr dann später den ganzen Dreck weg?“** ... **„Kann man hier nicht einmal in Ruhe seine Zeitung lesen?“**, schimpft der Vater. Tina ... murmelt vor sich hin: **„Das darf doch nicht wahr sein! So eine chaotische Familie!“**

Übung 12 S. 73
1. Martin dreht sich um und fragt die Mutter, ob sie aufhören könne zu saugen. Sie verstünden kein Wort / würden kein Wort verstehen.
2. Diese antwortet, ob Thomas und Martin dann später den ganzen Dreck wegmachen würden.
3. Ob man hier nicht einmal in Ruhe seine Zeitung lesen könne, schimpft der Vater.
4. Tina murmelt vor sich hin, dass dies doch nicht wahr sein dürfe und welch eine chaotische Familie dies sei.

Übung 13 S. 74
1. ... laut, wer ... **2.** ... sich, ob ... **3.** ... zurück, weshalb / wieso / ob ... **4.** ... fragte, woher ...
5. ... fühlte vor, welche ...

Übung 14 S. 74
1. „Faust"; **2.** „Wetten dass ...?"; **3.** „Asterix und Obelix"

Übung 15 S. 74
1. „Zicke"; **2.** „Ich bin ein Berliner"; **3.** „Gott würfelt nicht!"; **4.** „aus heiterem Himmel"; **5.** „Betreten auf eigene Gefahr"; **6.** „Schmierenkomödie", einen „hinterhältigen Schmarotzer".

Übung 16 S. 76
Fisch, meine Damen und Herren, kaufen Sie frischen Fisch**!**
Die Matjesfilets, die sehen aber lecker aus, ich hätte gerne zehn Stück.
Guten Tag, mein Herr, was kann ich für Sie tun**?**
Die Pfirsiche, sind sie frisch und saftig**?**
Aber sicher, die haben gestern noch in Griechenland am Baum gehangen.
Heute im Angebot: frische Grillwürstchen, herzhaft würzig im Geschmack**!**
Grillwürstchen, ja, die hatten wir schon lange nicht mehr, ich nehme acht Stück.

Übung 17 S. 76
1. Fisch, **Fleisch / Wurst, Gemüse** und **Obst; 2.** viele **kleine Fische; 3.** Kopfsalat, **Salatgurken, Pfirsiche, Paprika** sowie **Kürbis; 4.** Sowohl **Grillwürste** als auch **Schinken** sind dort zu haben

Übung 18 S. 76
1. Die Party findet am Freitag, den 5. Juni, ab 19 Uhr(,) statt. **2.** Von Samstag, den 15. Mai(,) bis Sonntag, den 30. Mai(,) sind wir in Urlaub.

Übung 19 S. 77
Mohandas Karamchand Gandhi**, genannt Mahatma Gandhi,** wurde im Oktober 1869 in Porbandar**, einer Küstenstadt in Indien**, geboren. Mahatma Gandhi**, sein Name bedeutet „große Seele",** war ein Rechtsanwalt. Beim Salzmarsch**, einer der bekanntesten Aktionen Gandhis,** folgten ihm Hunderttausende von Menschen, um Salz**, ein wertvolles Mineral**, aus dem Meer zu gewinnen. Im Jahr 1948**, ein Jahr nach der Unabhängigkeit Indiens,** wurde Gandhi ermordet.

Übung 20 S. 77
1. Im letzten Sommer machten wir auf den Kykladen – einer Inselgruppe im Ägäischen Meer – Urlaub. **2.** Tagsüber – es hatte über vierzig Grad! – lagen wir faul am Strand. **3.** Abends aßen wir frische Meeresfrüchte und Gegrilltes im See-Restaurant – oder hieß es Meer-Restaurant? – mit Blick auf das Meer.

Abschlusstest

Aufgabe 1 S. 81
1. Tages; **2.** dritte; **3.** Vorletzte; **4.** viel; **5.** abends; **6.** unter anderem; **7.** heute Abend

Aufgabe 2 S. 81
1. der Heilige Vater; **2.** das Rote Kreuz; **3.** der Stille Ozean; **4.** der Erste Weltkrieg

Aufgabe 3 S. 81
1. trennbar; **2.** untrennbar; **3.** untrennbar

Aufgabe 4 S. 81
Lösungsvorschlag:
Wörter mit Dehnungs-h:
prahlen, zählen, die Wahl, der Fehler, mehr
Wörter mit Dehnungs-e:
das Lied, lieben, das Bier, ziehen, hielt

Aufgabe 5 S. 82
1. der Ein- und Ausgang; **2.** das Haus- und Schreibheft; **3.** das Wurst-, Fleisch- und Käsesortiment

Aufgabe 6 S. 82
Richtig: 1. der Rasen; **2.** der Tiger; **3.** das Bötchen; **4.** der Saal; **5.** die Qual; **6.** die Qualle; **7.** die Messe; **8.** der Tank; **9.** die Pizza; **10.** die Busse; **11.** das Gebläse; **12.** blass

Aufgabe 7 S. 82
1. An das Radfahren mit dir kann ich mich erinnern. **2.** Geht es Ihnen gut? **3.** Es gibt kein Wenn und Aber. **4.** Die blaue Hose gefällt mir besser als die schwarze. **5.** Das ist mir sehr recht.

Aufgabe 8 S. 83
1. das Wasser; **2.** er ließ; **3.** die Vase; **4.** der Fraß; **5.** blasen; **6.** dieser; **7.** krass; **8.** der Stuss; **9.** bloß; **10.** stoßen; **11.** die Wiese; **12.** du frisst

Aufgabe 9 S. 83
1. Essende; **2.** Hin, Her; **3.** Nervende; **4.** Gegenüber; **5.** Dafür, Dagegen

Aufgabe 10 S. 83
1. Stefan und Dirk, <u>die beide aus Köln kommen</u>, machen sich schon früh am Morgen auf, um ...
2. Wenn die Züge, <u>die sie benutzen wollen</u>, keine Verspätung haben ...
3. Aber schon der erste Zug, <u>auf den sie im Kölner Hauptbahnhof warten</u>, hat ...
4. ... den Anschlusszug, <u>der um 9.40 Uhr von Bonn aus fährt</u>, zu bekommen.
5. ... zum Start, <u>der um 14.00 Uhr sein soll</u>, an der Rennstrecke ankommen.

Aufgabe 11 S. 84
1. das 100fache; **2.** die 10er-Gruppe; **3.** zum x-ten Mal; **4.** der 50%ige; **5.** der 5-Euro-Schein

Aufgabe 12 S. 84
Richtig: 1. die Ruhestätte; **2.** der Tod; **3.** enttäuscht; **4.** die Wiederkehr; **5.** der Konfirmand; **6.** der Abstand; **7.** todkrank; **8.** stattgeben

Aufgabe 13 S. 84
1. Laib; **2.** Seite; **3.** Waise; **4.** Lerche; **5.** Saite; **6.** Weise; **7.** Lärche; **8.** Leib

Aufgabe 14 S. 85
1. das, das; **2.** dass; **3.** Das; **4.** dass; **5.** Dass, das

Aufgabe 15 S. 85
1. Flyer; **2.** Redakteur; **3.** Ragout; **4.** Shampoo; **5.** Prophet; **6.** Rheuma

Aufgabe 16 S. 85
1. schwarz malen; **2.** schwarzmalen; **3.** gutschreiben; **4.** gut schreiben; **5.** wahr sagen; **6.** wahrsagen

Aufgabe 17 S. 86
1. Infolge der neuen Gesetze müssen wir einiges umändern.
2. Hier ist es stockdunkel.
3. Ich muss aufpassen, dass ich das nicht durcheinanderbringe.
4. Ihr werdet sicher zufrieden sein.
5. Ich gehe davon aus, dass der Arzt mich für längere Zeit krankschreiben wird.

Aufgabe 18 S. 86
Richtig: 1. Nachdem; **2.** seitdem; **3.** Seit dem; **4.** Nach dem; **5.** so weit; **6.** Soweit

Aufgabe 19 S. 86
1. Seid; **2.** Seit; **3.** seid; **4.** Seit

Aufgabe 20 S. 87
1. Lea gefiel das Buch „Farm der Tiere" sehr gut.
2. Tom fragte, wann er am Nachmittag vorbeikommen könne.
3. Mike fragte: „Wäre um 15 Uhr okay?"
4. Sie äußerte den Wunsch, mit ihm ins Ausland zu reisen.
5. Herr Schmitt, unser Klassenlehrer, fährt mit uns an die Ostsee.
6. Am Dienstag, den 22. Dezember(,) steigt unsere Weihnachtsparty.
7. Nina spricht von ihrem Freund nur noch als „mein Liebster".
8. Er war gekommen, um sich nochmals zu verabschieden.

Aufgabe 21 S. 87
Gestern stand in der Zeitung, dass die Mannschaft des 1. FC schon wieder verloren hat. Viele Fans, die bis jetzt noch jede Woche zu den Meisterschaftsspielen gegangen sind, fragen sich, ob der Abstieg der Mannschaft noch zu verhindern ist. Sie diskutieren darüber, ob ein Trainerwechsel in dieser Situation sinnvoll ist. Ihre große Hoffnung ist, dass das Team auch in der kommenden Spielzeit in der Verbandsliga spielt. Martin, einer der leistungsstärksten Spieler, sagte: „Ich werde alles tun, um das Trainergespann, das wirklich gute Arbeit leistet, zu unterstützen. Wenn wir absteigen, dann wird die Mannschaft auseinanderbrechen."

Aufgabe 22 S. 87
Losungsvorschlag:
1. *bio-:* das Leben betreffend; biografisch, die Biologie, die Biosphäre, das Biotop
2. *mono-:* allein, einzeln, einmalig; das Monogramm, das Monokel, der Monolog, monoton
3. *tele-:* fern, weit; das Telefon, das Telegramm, das Teleskop, telepathisch

Stichwortfinder

STICHWORTFINDER